AS CEM REGRAS DA GUERRA

TSUKAHARA BOKUDEN

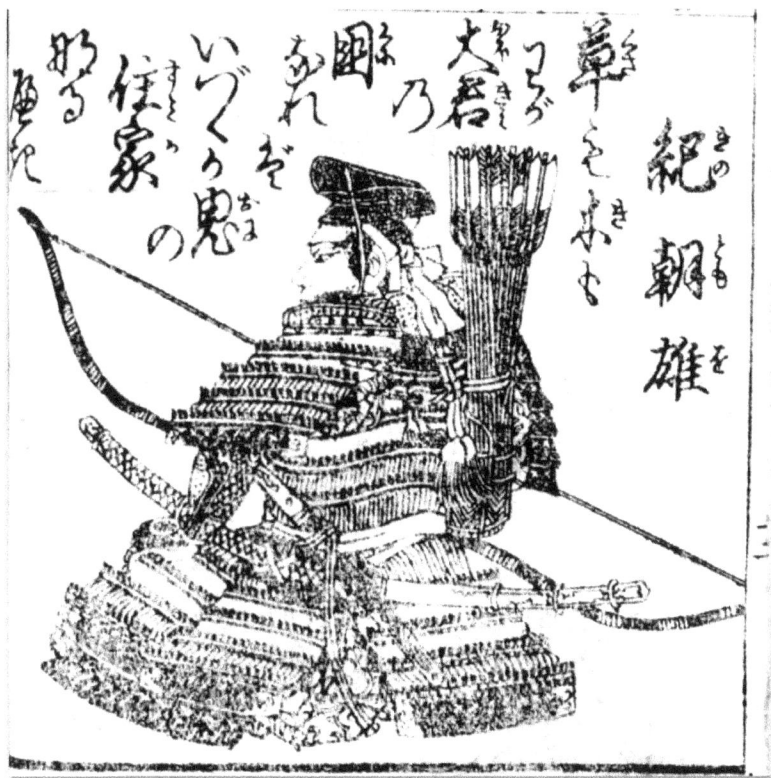

TRADUZIDO DO JAPONÊS PARA O INGLÊS POR ERIC SHAHAN

Edição brasileira: Leandro Diaz Napolitano

<u>**Ninjutsu**</u>

Ninjutsu to Yojutsu

Ninjutsu no Gokui

Gendaijin no Ninjutsu

Gingetsu Itoh

Senjutsu to Ninjutsu

Shigetsu Doshi

Ninjutsu to Wa

Fujita Seiko

<u>**Koryu Bujutsu**</u>

O Guia Completo de Artes Marciais Japonesas

Volume Um: Gekken

Volume Dois: Jujutsu

Volume Três: Kenbu

Sugawara Sadamoto

Takagi Oriemon

com Fumio Manaka, Robert Gray e Maurizio Mandarino

Bokuden Ryu Jujutsu

Otsuka Nobuyoshi

Heiho Yukan Volumes 17~20

Hojo Ujinaga

com Kazuhiro Iida

O Pergaminho da Esgrima

Yamamoto Kansuke e Fumio Manaka

O Guia Essencial de Kenpo dos Oficiais de Polícia

Tetsutaro Hisatomi

Seppuku

Uemon Moridan com Fumio Manaka

Auto-Defesa para Mulheres

Nohata Showa

Bojutsu: O Sistema Matsumoto

Matsumoto Torata

As 18 Armas da Guerra

Fujita Seiko e Hirayama Heigen

Hagakure

Yamamoto Tsunetomo com Fumio Manaka

Ferramentas do Arqueiro

Yoda Meiki

Karate Jutsu : Kumite

Motobu Choki

Os Oito Alvos do Demônio

Saito Sadayasu

Uchine – Lançamento da Seta Japonesa

Fujita Seiko ・ Sakai Shigeki

220 Técnicas de Esgrima que Garantirão a Vitória

Kaneko Aizo

Tatuagens como forma de Punição

Eric Shahan

※　**edições disponíveis em portugês**　※

As 12 Regras da Espada

Ito Ittosai

Fudochi Shin Myoroku: Os Registros Misteriosos da Sabedoria Imóvel

Takuan Soho

As Cem Regras da Guerra

Tsukahara Bokuden

Prefácio à Edição em Português

Agora disponível em língua portuguesa, as "Cem Regras da Guerra" de Tsukahara Bokuden chega para complementar a leitura das outras duas obras desta coleção – **"As 12 Regras da Espada, de Ito Ittosai e "Os Registros da Mente Imóvel", do monge Takuan Soho** –, de grande relevância para apreciadores da filosofia e das tradições marciais japonesas.

Em "As Cem Regras da Guerra", Eric Shahan dá seguimento a seu brilhante trabalho de traduzir para o inglês obras fundamentais do cânon marcial nipônico. A presente obra é um valioso exemplar que conta com prefácio de Takuan Soho e anotações, feitas em 1939, por Hori Shohei Sensei, então Presidente do Hall do Kendo para Estudos e Pesquisa Histórica, além do próprio tradutor da edição em inglês (marcadas com *).

"As Cem Regras da Guerra" é fonte originária compilada a partir dos ensinamentos de Tsukahara Bokuden, um dos principais samurais do período Muromachi, época de ouro da casta de homens que entregavam a própria vida pela daqueles a que serviam. Em seus pontos, Bokuden tratou dos hábitos e cuidados essenciais que deveriam ser observados por todos que desejavam o sucesso na arte de servir.

A edição em português contou com as generosas revisões do experiente pesquisador, professor e praticante de artes marciais japonesas Anderson Gomes de Oliveira Sensei. Comentários meus e do revisor foram adicionados e estão marcados com **.

Nagóia, 07 de janeiro de 2022 (Era Reiwa, ano 4)

Leandro Diaz Napolitano

Introdução à Edição em Inglês

Imagem de Kensei 剣聖 O "Santo da Espada", pessoa que compreendeu os mistérios ocultos da espada". Na imagem Tsukahara Bokuden luta contra um monge armado com um Shakujo "bastão de cobre " 錫杖 – imagem extraída da " A lenda de Tsukahara Bokuden", por Takara Bakin 宝井馬琴, 1918.

Muito do que se sabe a respeito de Tsukahara Bokuden (1489–1571) vem da introdução à obra "A Herança de Bokuden" (data desconhecida). Nela, seu autor, Kato Nobutoshi, afirma que Tsukahara Bokuden "travou mais de cem batalhas em uma época em que os samurais sentiam que dar a vida por seu senhor não era um fardo mais pesado do que a pena de um ganso". Não foram apenas os soldados que perderam a vida. Seus senhores também. Isso levou a que muitos soldados desempregados passassem a buscar novas posições de trabalho. Claramente, era necessário alcançar a fama por suas proezas no campo de batalha, a fim de obter uma boa posição. Alguns samurais dedicaram toda a sua vida a isso.

Tsukahara Bokuden nasceu em Hitachi, no ano de 1489, e foi adotado por Tsukahara Yasumoto. Desde a juventude, ele já se interessava pela esgrima. Seu pai adotivo ensinou-lhe as escolas clássicas de **Kashima** e de **Shinto Ryu** 鹿島新当流 de artes marciais. Ao longo de sua trajetória, ele acabaria fundando seu próprio estilo, chamando-o de Estilo Shinto 神道 (nota da edição brasileira: de **shintoísta**, religião oficial do Japão baseada na crença em divindades animistas), mas com Kanji diferente. Ele listou trinta e sete batalhas e dezenove duelos. No total, ele venceu duzentos e doze espadachins. Embora alguns aspectos de sua vida não sejam claros, há registros de que Bokuden teria sido o instrutor de esgrima do Shogun Ashikaga.

"As Cem Regras da Guerra", também conhecidas como "Lições Deixadas por Bokuden", provavelmente foram concluídas no inverno do ano de sua morte, em 1571. Seu formato é baseado em versos que eram recitados em um determinado ritmo para facilitar a memorização. O famoso Monge Takuan Soho escreveu a introdução à obra em algum momento da Era Kanei (1624-1644). O neto do estudante de Bokuden, Kato Nobutoshi, escreveu o posfácio para "As Cem Regras de Guerra" algum tempo depois que Takuan Soho escreveu sua introdução. Portanto, o formato deste livro, com a introdução de Takuan e posfácio de um descendente de um aluno direto de Bokuden, deve ser de algum momento entre o início e meados do século XVII.

Este livro foi compilado e recompilado ao longo dos séculos, sim, séculos! Agora estou adicionando meu nome à longa lista de pessoas que escreveram introduções, adicionaram aforismos, analisaram, elogiaram e passaram adiante os ensinamentos de Tsukahara Bokuden. É uma visão valiosa do tipo de temas considerados importantes para os samurais. Este é o conhecimento de um guerreiro veterano transmitido aos jovens que entrariam no serviço.

Miyamoto Musashi (1584–1645), que escreveu o mundialmente famoso Livro dos Cinco Anéis, ainda não havia nascido quando este livro foi originalmente escrito.

A tabela na página a seguir diz respeito ao conteúdo desta edição de "As Cem Regras da Guerra". As fontes registradas seguem uma ordem lógica, conforme proposta pelo tradutor da edição em inglês.

Página	Seção	Autor	Data e Notas
15	Citação Introdutória	Ban Nobutomo	"A Respeito das Artes Marciais", publicado em 1840
16	Introdução	Takuan Soho	Início do Século XVII
19	Introdução	Hori Shohei	"As Cem Regras da Guerra com notas", publicada em 1938
22	Poema Introdutório	Tsukahara Bokuden	"As Cem Regras da Guerra com notas"
23	Regras para a vida	Tokugawa Yoshimune	Introdução às "Cem Regras da Guerra" de fins do século XVII e começo do XVIII.
24	*As Cem Regras da Guerra*	Tsukahara Bokuden	Finalizado em 1571
204	Posfácio I	Kato Nobutoshi	"A Herança de Bokuden"
206	Posfácio II	[De um descendente desconhecido de Kato Nobutoshi]	"A Herança de Bokuden", data desconhecida

A respeito deste livro (conforme a edição em inglês)

Quando descobri este livro fiquei tão feliz, quanto consternado.

Antes de tudo, encontrei algo para dar continuidade à minha busca pela Escola Bokuden Ryu, após ter traduzido o manual "Bokuden Ryu Jujutsu". Esse texto, porém, foi escrito em japonês antigo cursivo, o que torna a sua compreensão possível apenas após dissecá-lo em várias seções. Durante esse processo, haviam pistas do que poderia estar no documento, mas os obstáculos se provaram ainda maiores.

Em seguida, encontrei uma transcrição do documento escrita a pincel! Eu consegui! Sucesso! Porém, após um olhar mais detido, por mais que eu conseguisse ler o que estava lá, o real significado se mantinha frustrantemente opaco.

Felizmente, cerca de oitenta anos atrás, outro pesquisador e praticante de artes de espadas, chamado Hori Shohei reproduziu o texto e acrescentou interpretações úteis a cada linha. Este volume foi a chave para decifrar o texto.

A estrutura do livro está disposta da seguinte maneira: Na página esquerda estão cópias do manuscrito original, escrito a pincel, durante o Período Edo. À esquerda da caligrafia, o leitor encontrará transcrição para o japonês moderno, com a análise de Hori Shohei Sensei. A página à direita contém a tradução de ambas, bem como de quaisquer notas adicionais feitas pelo tradutor (da edição em inglês).

Número	2

Verso original

> *A alma do Samurai e o arco feito da árvore de Azusa, pacificamente banhados pelo sol da primavera.*

Comentários de Hori Shohei

Enquanto algumas armas são a alma do Samurai, o arco é, em particular, a mais reverenciada, desde tempos remotos. O arco deve ser encordoado em uma cerimônia no começo da primavera. Durante muito tempo, no Japão, a primavera era considerada o marco do Ano Novo, um momento para dar graças e para receber bênçãos. No passado, o "Ano Novo" acontecia em fevereiro.

Informações adicionais incluídas pelo tradutor da versão em inglês estão em * e da versão em português em **.

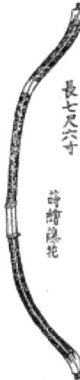

摂津國住吉社蔵蒔絵弓

長七尺六寸

蒔絵陰花

* O Azusa Yumi, ou arco feito da "Bétula Japonesa" era usado em cerimônias shintoístas para invocar espíritos. A Azusa era conhecida como "a senhora de todas as árvores" e portanto artefatos feitos com essa madeira eram usados tanto para a caça quanto para o uso em cerimônias e festivais.

Um yumi em laca de Sete Shaku e Seis sun / 2 metros e 33 centímetros. Da coleção do Santuário Sumiyoshi, no domínio Settsu. Imagem do livro "Imagens de Hoje e do Passado", 1907.

A mensagem subjacente que podemos depreender de "As Cem Regras da Guerra", de T. Bokuden, é a de que, conquanto as armas e as organizações militares dos dias atuais sejam diferentes daquelas de antigamente, o caminho do guerreiro se mantém inalterado.

Ban Nobutomo

A Respeito das Artes Marciais
1840

As Últimas Palavras – anotadas – de Bokuden
Por Takuan Soho

Introdução ao livro "As Cem Regras da Guerra", por Tsukahara Bokuden

No canto formado pelo castelo Sawayama em um dos flancos onde fiquei até desfecho da batalha de Sekigahara, em setembro de 1600, e no Monte Funaoka, de onde fui banido para o norte do Japão por me opor ao Imperador, ficam um campo pantanoso conhecido como *Taku*, e *An*, uma ermida. Costumo apenas escrever o meu primeiro nome a pincel, deixando-o encharcar a folha, para se acaso, quando o orvalho brotar no meu coração vingativo de monge, nada mais puder purificá-lo.

Embora eu use a veste púrpura de um abade, em meu estado atual, sinto-me como se ela não estivesse sobre os meus ombros. Isso é, sem dúvida, dado à minha atual natureza indulgente. Eu fui exilado de onde morava e depois, novamente, da gruta onde habitava. Agora eu passei pelo Portão de Osaka, onde fica a famosa fronteira entre a parte sul de Kyoto e a Prefeitura de Shiga. Eu segui para o leste com a intenção de percorrer a Estrada do Mar Oriental, passando por Edo, até os seis domínios que compõem a costa leste do Japão setentrional. Claramente, em algum momento, devo retornar novamente à minha cidade natal, na província de Hyogo, mas sempre pareço estar encarregado de alguma missão.

Assim, aqui estou novamente sob as nove camadas celestiais a caminho do Domínio de Koshi, próximo à costa do Mar do Japão. Nos arredores de Musashi e de Kawagoe, ao norte de Edo, conheci uma pessoa gentil, da minha idade, que me recebeu com hospitalidade. Embora eu não deva me dar a luxos, senti que seria inapropriado ignorá-lo. Dessa forma, eu me permiti ser convidado a me hospedar em sua casa durante a noite. Depois de conversas a respeito vida, episódios e experiências, o dono da casa deixou a sala e retornou com um pergaminho.

Era um documento de uma outra era, escrito por Tsukahara, que mais tarde receberia o nome sacerdotal de Bokuden, "aquele que vê e que transmite". Seu espírito indomável, sua fama e sua habilidade excedem às de cem homens. De mil homens! De dez mil homens! O livro continha cem linhas escritas por essa figura imponente. No entanto, fiquei chocado quando percebi que, apesar de seu grande mérito, não havia uma introdução. Embora meu desejo de escrever essa passagem tenha sido transferido para o meu pincel, ainda tenho que examinar seu conteúdo. Não posso deixar de confessar que não sei se o conteúdo é um pouco menos do que o estado ideal para iniciar uma introdução. Portanto, assim como seria imperdoável abandonar uma linda alameda como essa, desenrolei o documento e o espalhei diante de mim.

As linhas iniciais começam com uma descrição dos dois caminhos de um samurai. Espadas e outras armas de guerra são separadas e discutidas alternadamente. No final das linhas, fala-se como se livrar da indecisão, da hesitação e da dúvida. Então, para resumir este trabalho para você, eu direi:

Geração após geração, se você mudar as pessoas, as palavras e os lugares, seria como a diferença entre a chuva e o orvalho, entre a neve e o gelo. Cada um deles é formado pela mesma água.

Essas palavras devem ser lidas por todo e qualquer um que siga o caminho do guerreiro. Fale em voz alta para que você possa ouvi-los em seus ouvidos, baixe a guarda e você falhará por sua conta e risco. Essas não são simples palavras para louvar e para reverenciar. Se você está tentando comparar os ensinamentos deste pergaminho a qualquer outro trabalho, saiba que este é um conhecimento que só se pode ser encontrado depois de se atingir o cume da mais alta montanha. A profundidade da sabedoria contida nessas páginas faz o mar parecer raso em comparação. Se você comparasse uma pessoa versada nessas ideias à uma rocha, você consideraria a rocha suave por comparação.

Retesar a corda de um arco, lançar uma flecha, bradar seu chicote, encorajar o seu corcel, vestir a sua armadura, tomar a sua lança, ganhar fama, honra e se tornar alguém que dá início a um poderoso clã. Leia este livro, ouça. Entenda suas verdades inconfundíveis. Seria uma enorme tolice não fixá-las em sua mente. Na minha opinião, mesmo que você tenha vivido centenas de gerações ao longo de mil anos, encontrar outro livro como este seria como uma tartaruga cega que emerge à superfície uma vez a cada cem anos e que tenta atravessar pelo buraco de um pedaço de madeira à deriva.

Introdução à versão anotada de "As Cem Regras da Guerra"

Neste outono, minha organização [The Hall of Kendo Appreciation and History] está patrocinando o Segundo Torneio de Kendo. Em atenção a isso, preparei cópias das "Cem Regras da Guerra" de Tsukahara Bokuden. Estou distribuindo-as como presente a todos os meus amigos próximos que participaram deste evento. Ao ler este volume, você entenderá as teorias de Bokuden Sensei sobre a espada, sua real experiência e seus conselhos de combate, bem como seus pensamentos a respeito do desenvolvimento e do treinamento individual. Você perceberá como ele se tornou o espadachim invicto mais famoso de todos os tempos.

O seu livro, "As Cem Regras da Guerra" é o melhor e mais antigo trabalho de literatura dos caminhos marciais de um Samurai.

Os quatrocentos anos que se passaram desde que este livro foi escrito congelaram as palavras como se fossem geleiras. Não foi fácil interpretar essas estrofes, já que nosso modo de falar mudou e muitas coisas são chamadas por nomes diferentes. Busquei ter muito cuidado com este projeto e embora minha análise seja um tanto incompetente, eu não vacilei em minha dedicação. Finalmente, ainda que com certa pressa, consegui publicá-lo. Embora possa estar repleto de erros, apresento humildemente isso aos meus talentosos colegas.

Dezembro da Era Showa 13 (1938)
Presidente do Hall do Kendo para Estudos e Pesquisa Histórica

Hori Shohei

磯際にかき
あつめたる
藻鹽草
ねざしなければ
よしなかり
けり

海岸に掻き集めた海の藻のやうに、武道々歌を書いて集めたものであるから、根がなくてつまらぬものであるわいと謙遜した歌で、塚原卜傳先生の序文である。

Se pela costa você vai escrevendo
Escolhendo e retirando trechos para um volume
Como a colheita de algas por seu sal
Seria injusto não ter raízes

* Assim como você colhe algas da praia, também são os poemas escritos e colecionados ao longo do caminho das artes marciais. Esse é um poema declarando humildemente que, se não houver raízes, não haverá iluminação.

Esta é a introdução de Tsukahara Bokuden.

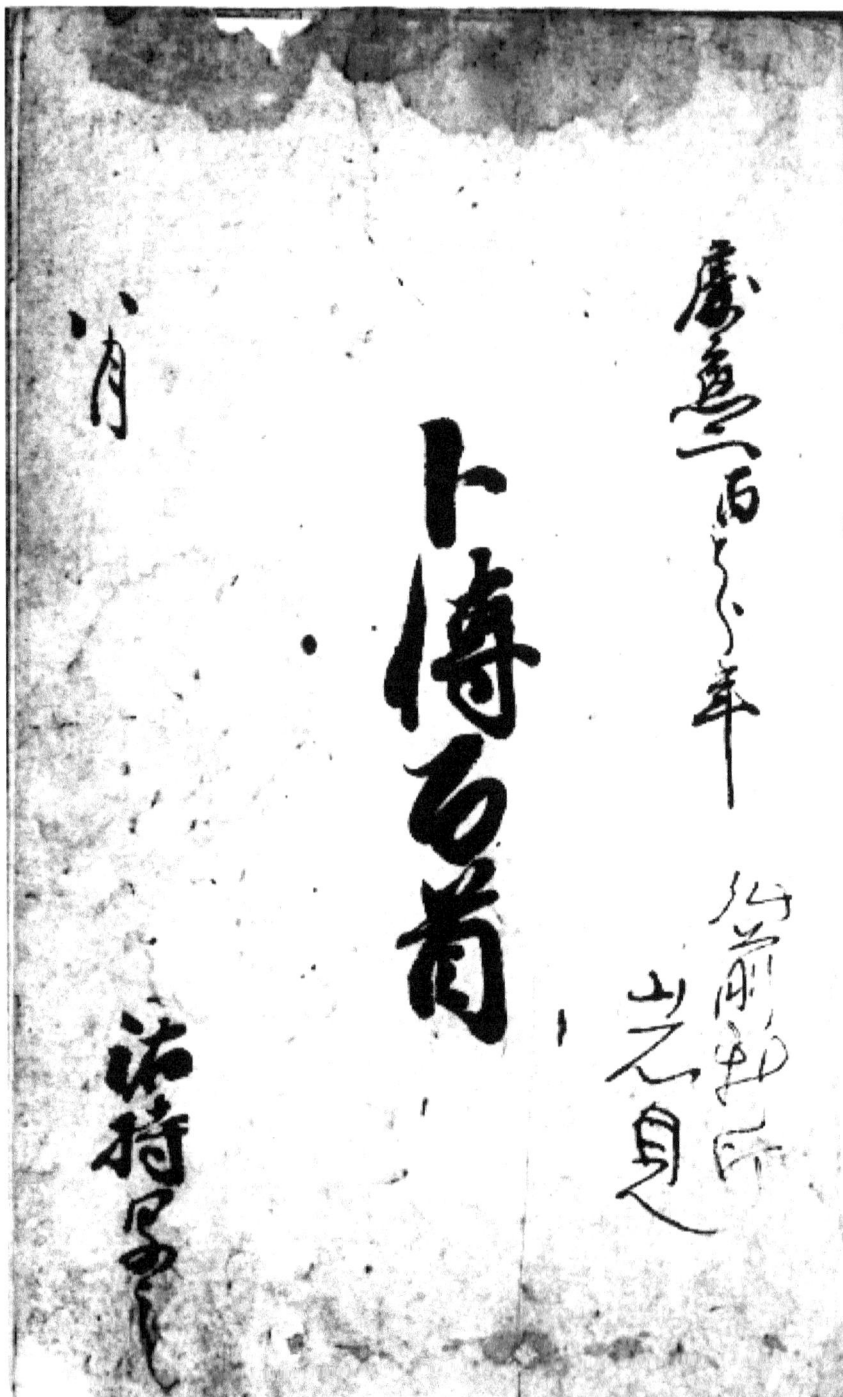

As Cem Regras da Guerra
Por Tsukahara Bokuden

Fevereiro do Segundo Ano do Imperador Keio, 1866

A cópia manuscrita de *As Cem Regras de Guerra* de Tsukahara Bokuden foi usada com a devida permissão da biblioteca da cidade de Hiromae, província de Aomori, Japão.

As oito primeiras linhas do livro, que formam uma introdução, podem ser atribuídas ao oitavo Shogun, Tokugawa Yoshimune 徳川 吉宗 (1684 -1751).

.

故

苦は楽に種 楽は苦に種と寿べし

Não há prazer sem sofrimento, assim como não há sofrimento ocm prazer. A sua dedicação hoje será recompensada no futuro, você deve perseverar.

主と親は無理な（ことを言う）者と思え、下人（下級の使用人）は（考えが）足らぬ者と知るべし。

Qualquer um que acredite que seu mestre ou que os mais antigos estejam pedindo algo impossível, tem a mente tão simples quanto o mais humilde dos servos.

掟に怖じよ、火に怖じよ、分別無き者に怖じよ、恩を忘れることなかれ。

Reverencie a lei, tema o fogo, tema os loucos insensíveis e nunca se esqueça de reverenciar aqueles a quem você deve gratidão.

一、欲と色と酒と、敵と思へ

欲と色とを敵と知るべし

Pense na avareza e na vaidade como inimigos.

朝寝すべからず、話の長座すべからず

Nunca durma tarde, nem fale muito.

少なることも分別せよ、大事とて驚くべからず

Tenha cuidado ao organizar as suas coisas, ainda que as mais triviais. Caso algo aconteça, você não será pego de surpresa.

九分は足らぬ、十分はこぼるると知るべし

Noventa por cento não é suficiente. Somente cem por cento poderá evitar um desastre iminente.

分別は堪忍にあると知るべし

Ter um bom julgamento também significa ser capaz de perseverar.

一、武士の名にあふものは弓なれや、深くもあ ふげ高砂の松

卜傳百首

武士（もののふ）の名にあふものは弓なれや、深くもあふげ高砂の松

神代から鎌倉初期までは、弓を武器の第一として武の道を弓矢の道とも謂つた。故に武夫の名に相應するものは弓であらう、深く尊べ。

As Cem Regras da Guerra
Por Tsukahara Bokuden

1

Para alguém nascido Samurai, o nome Yumi é o mais indicado. O nome deverá ser reverenciado tanto quanto o pinheiro de Takasago.

Desde a era dos deuses até o início da era de Kamakura, Yumi, o arco, foi a principal arma dos samurais. Seguir o caminho do guerreiro e seguir o caminho do arco e flecha eram equivalentes. Assim, o nome mais adequado aos militares seria Yumi, o arco. Isso devia ser profundamente respeitado.

* "Pinheiro de Takasago" provavelmente se refere às duas árvores que crescem de uma mesma raiz no santuário de Takasago, na província de Hyogo. As árvores são plantadas como macho e fêmea unidos ou duas variedades de pinheiro, um pinheiro preto e um pinheiro vermelho unidos na base. Eles representam vida longa e a eternidade. Essa é uma prática comum em todo o Japão, mas a árvore da província de Hyogo, atualmente na quinta geração, é a mais famosa.

Ilustração do Pinheiro de Takasago do século XIX

一むさ魂れれやあ月さちる
ものれやを来うくます

武士の魂なれやあづさ弓、はる日の影や長閑からまし

武器は皆武士の魂であるが、弓を昔乍らに第一として稱美した。弓の張るを、春にかけて祝った。

春は昔の正月で芽出度い。（昔の正月は今の二月である）

34

2

A alma do Samurai e o arco feito da árvore de Azusa, pacificamente banhados pelo sol da primavera.

Enquanto algumas armas são a alma do Samurai, o arco é, em particular, a mais reverenciada, desde tempos remotos. O arco deve ser encordoado em uma cerimônia no começo da primavera. Durante muito tempo, no Japão, a primavera era considerada o marco do Ano Novo, um momento para dar graças e para receber bênçãos. No passado, o "Ano Novo" acontecia em fevereiro.

摂津國住吉社藏蒔絵弓

長七尺六寸

蒔絵藤花

* O Azusa Yumi, ou arco feito da "Bétula Japonesa" era usado em cerimônias shintoístas para invocar espíritos. A Azusa era conhecida como "a senhora de todas as árvores" e portanto artefatos feitos com essa madeira eram usados tanto para a caça quanto para o uso em cerimônias e festivais.

Um yumi em laca de Sete Shaku e Seis sun / 2 metros e 33 centímetros. Da coleção do Santuário Sumiyoshi, no domínio Settsu. Imagem do livro "Imagens de Hoje e do Passado", 1907.

一　武士の射るや弓矢の名に立て

國をあきらむ

一　弓いても

武士の射るや弓矢の名に立て、國を治むるためしなりけり

弓はたゞおのが力にまかすべし、手にあまりたる弓な好みそ

弓でも何でも同じで、力量相應にして少しでも飾氣があつてはならぬ。飾氣があると手に餘るもの

を用ひて失敗する。

36

3/4

Os nomes dados ao arco e à flecha usados por Samurai são exatamente esses. Eles são os meios pelos quais nosso país é mantido em segurança.

O arco deve ser compreendido apenas como um artefato para projetar poder e não para mera decoração.

Seja o arco ou qualquer outra arma, ele deve ser ajustado para o seu corpo, sem qualquer tipo de decoração. A menor das decadências em sua arma poderá causar hesitação e custar-lhe a batalha.

一兼て知る軍の場に持つ弓は、すこし力にまさる好めり

兼て知軍の場には持つ弓は、すこし力にまさる好めり

軍では甲冑を着た敵を射るから、少し強い弓を適當とするであらう。

5

Você deve entrar no campo de batalha com o seu arco preparado para retesar uma carga pesada.

É melhor usar um arco mais pesado, uma vez que você lutará contra soldados vestindo armaduras.

Ilustração de Taira no Tadanori, de uma livro do Período Edo, "Os Cem Versos da Bravura"

矢の根をば細く穂長に好みたり、あたる矢先の抜けよかるべし
矢の根には目釘がないから、短い根が深く這入ると先が抜けて身體に殘るから長いのが抜けよから
う。

6

Ao escolher a ponta de suas flechas, prefira as mais longas e finas, pois elas atravessarão o alvo atingido.

A ponta da flecha não está presa ao seu corpo por rebites. Portanto, quando penetrar profundamente, ela deverá entrar no corpo. Ponta de flechas mais longas atravessarão o inimigo.

* Tsukahara Bokuden usa a palava *Ya no Ne*, a raíz da flecha, para descrever a ponta. O termo mais comum é Yajiri 鏃.

近き敵遠き敵を射る時に、矢の根の習ひあるとしるべし

近い敵には丈夫な矢が、遠い敵には軽い矢で射るが利であるといふやうな習ひがあると云ふのであらう。

7

Não importa a distância que você esteja atacando um inimigo. De perto ou de longe, você deve estar apto a escolher a sua melhor flecha.

A lição aqui é a de que você precisa de flechas fortes contra adversários mais próximos e flechas mais leves contra os mais distantes.

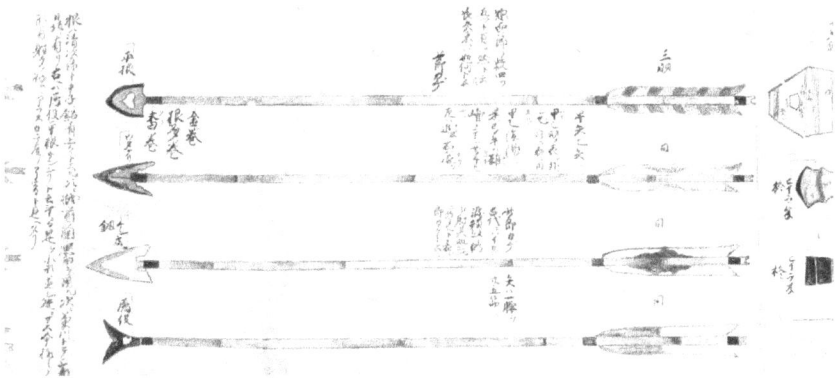

Ilustração de diferentes estilos de ponta de flechas de um livro do Período Edo, chamado "O Livro do Arco e da Flecha".

夏冬に好む矢の根のあるものを、しらぬは射手の不覺なるべし

冬は柔かい燒双の矢でなくては折れ易く、夏は堅くなくては鈍くなるからであらう。

8

Um arqueiro que desconhece a necessidade de selecionar diferentes pontas de flecha para o inverno e para o verão sem dúvida se arrependerá de seu erro.

No inverno, se você não usar uma ponta de flecha menos rígida, reforçada com Hamon (um tipo de cobertura usada em armas de metal – *nota da edição brasileira*), é provável que ela se quebre. No verão, se a ponta da sua flecha não for resistente o bastante, o efeito da flecha será prejudicado.

Ilustração de diferentes estilos de ponta de flechas de um livro do Período Edo, chamado "O Livro do Arco e da Flecha".

弦はたゞ大きにしくはなかりけり、細きは矢の根さゝぬものかは

弦が細くては力がないから弱いといふのである。

9

Grande nem sempre é melhor, quando se trata de cordas. Contudo, se a corda for muito fina, a ponta da flecha não penetrará nada.

Se a corda de seu arco for muito fina, ela não terá força e as flechas partirão fracas.

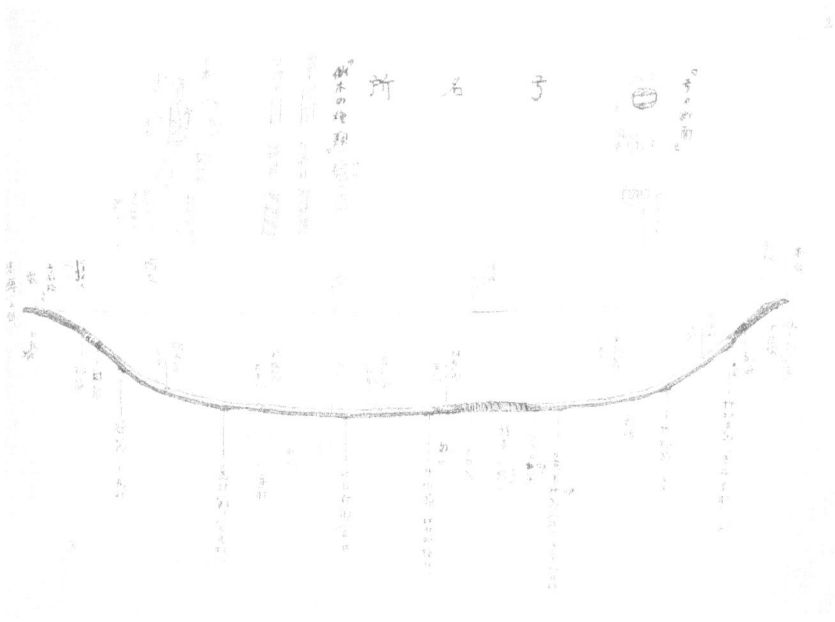

Ilustração de diferentes estilos de ponta de flechas de um livro do Período Edo, chamado "O Livro do Arco e da Flecha".

武士の鑑にしるものは馬なれや、心がけぬはおろかなるべし

馬に乗らねば働きが出來ないから、眞にしるべきものは馬であらう、心がけぬは愚かである。馬を見ることも乗ることも、何もかもしらねばならぬ。

48

10

O cavalo é o maior tesouro de um Samurai.
Aqueles que não se dedicam à montaria são covardes.

É imperativo que você seja adepto da equitação, uma vez que não se pode fazer muito se não for a cavalo. Aqueles que não o são, são covardes. Seja observando ou montando, você deverá saber tudo a seu respeito.

Ilustração de um cavalo em "postura natural", de um densho do Período Edo, da Escola Equestre de Ootsubo.

武士の其の名をあぐるためしには、昔も今も馬をこそいへ

足利又太郎や佐々木高綱は、馬で宇治川の先陣をして名を揚げた。戦國時代の戦ひにも此類が多かつたと見える。

11

O caminho para um Samurai alcançar a fama reside em dominar o cavalo. Isso é verdade hoje e no passado.

Ashikaga Matataro e Sasaki Takazuna tornaram-se famosos por liderar uma vanguarda montada pelo rio Uchikawa. Existem numerosos exemplos disso no período dos estados beligerantes.

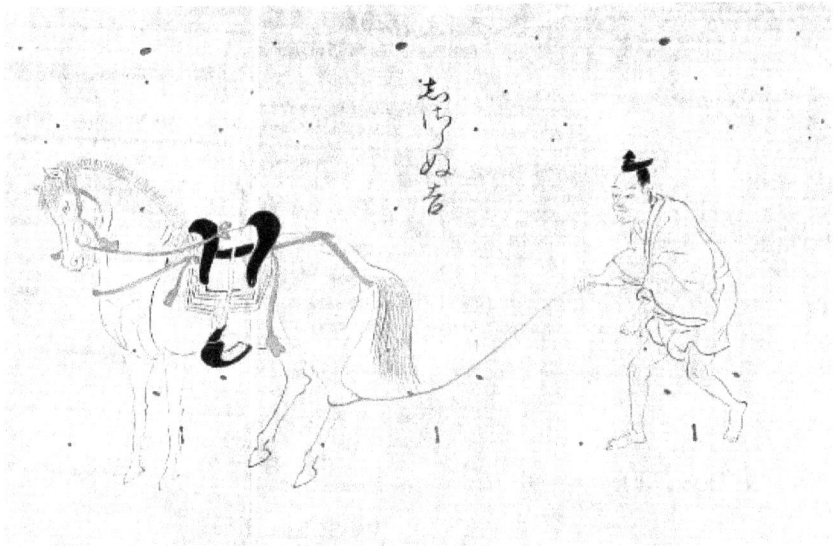

Ilustração demonstração como domar um cavalo, de um densho do Período Edo, da Escola Equestre de Ootsubo.

一武士の鎧の下に乗る馬は、くせありとても強き好めり

武士の鎧の下に乗る馬は、くせありとても強き好めり鎧が重いからである。

12

Samurais em armadura devem preferir montar a um cavalo forte. Isso se aplica a cavalos de qualquer índole.

Isso ocorre devido ao peso da armadura.

* A armadura japonesa pesava entre 5 e 25 kilogramas, enquanto a armadura ocidental entre 20 e 25 kilogramas.

Imagem de um densho do Período Edo chamado "Dezoito Ilustrações de como se colocar uma armadura".

一馬、もっく普通につよき肝で
手強き肝に弱肝ぬし

馬はたゞ普通に強き肝ぞよき、勝るゝ肝と無肝嫌へり

肝のない馬は弱く、肝の強過ぎるのは常人では乗れない。故に少し強いのが善い。

13

Sua montaria deve ser equilibrada, com níveis normais de força e espírito. Cavalos com forte desejo de vencer ou então com medo e irrequietos devem ser rejeitados imediatamente.

Cavalos sem nervos são fracos, enquanto um cavalo com muito espírito não pode ser montado por pessoas normais. Em outras palavras, um cavalo um pouco forte e um pouco corajoso é o ideal.

Ilustração demonstração como domar um cavalo, de um densho do Período Edo, da Escola Equestre de Ootsubo.

くせあれど強き馬こそよけれとて、進まぬ僻の馬な乗りそよ

くせがあつても強い馬が善いと言つても、進まぬ僻の馬には乗るな。

14

Contanto que um cavalo seja forte, é aceitável que ele tenha caráter pronunciado; no entanto, nunca monte um cavalo com tendência ao refugo.

Um cavalo pode ter caráter acentuado, desde que seja forte, mas tenha cuidado ao montar um cavalo que tenha vergonha em avançar.

Ilustração de um densho do Período Edo, da Escola Ogasawara de Arquearia Montada.

一鞭トやしまつ 攻の安きとて小
馬とぬ心くい浮くて...

乗り下りと又あつかいの安きとて、小馬を好む人はつたなし

小馬は便利でも組討をすれば、大體先に落ちて下になるといふ。

15

Embora cavalos pequenos possam ser mais fáceis de se manusear e de se desmontar, aqueles que preferem esses animais são um pouco tolos.

Cavalos menores são mais convenientes, mas durante uma batalha eles tendem a ser derrubados ou abatidos primeiro, levando você ao chão.

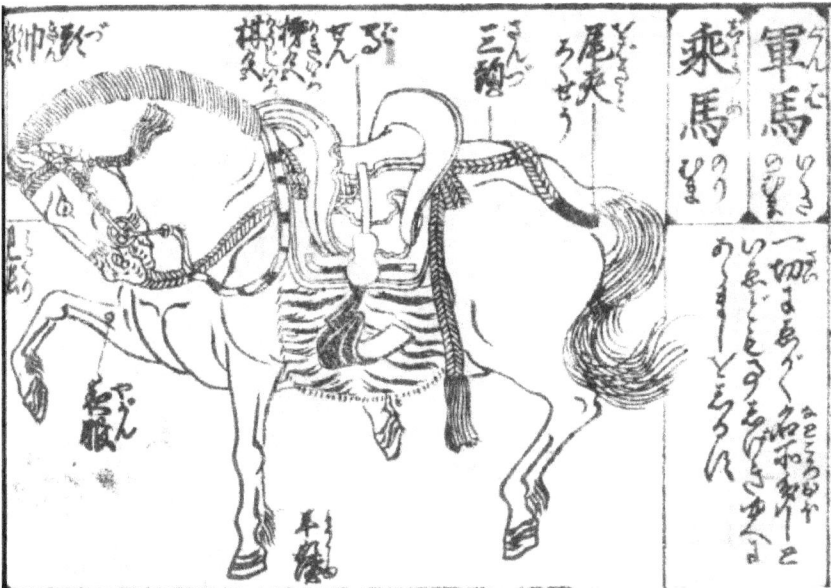

Uma cavalo preparado para combate, do livro "Ilustrações Copiadas de Tesouros", do Período Edo.

三寸に足らぬ馬をば昔より、軍の場にきらふなりけり

三寸とは前足の上の背峯で計つて四尺三寸である。今は洋種に改良されて大きくなり、三寸と言へ
ば五尺三寸の事である。五尺三寸以上は却つて弱く軍用にせぬ。

16

Desde tempos imemoráveis, ninguém jamais demonstrou satisfação em montar um cavalo com menos de três Sun (10 cm) no campo de batalha

Três Sun refere-se à altura de um cavalo. Quando medido do casco frontal ao pescoço (cernelha), a altura ideal deve ser de quatro Shaku e três Sun (129 cm aproximadamente). Atualmente, com a introdução de cavalos ocidentais, a altura padrão é mais alta. Um "cavalo de três Sun" de antigamente agora refere-se a um cavalo de cinco Shaku e três Sun, 160 cm de altura. Qualquer cavalo com mais de cinco Shaku e três Sun tende a ser fraco e, portanto, inadequado como cavalo de guerra.

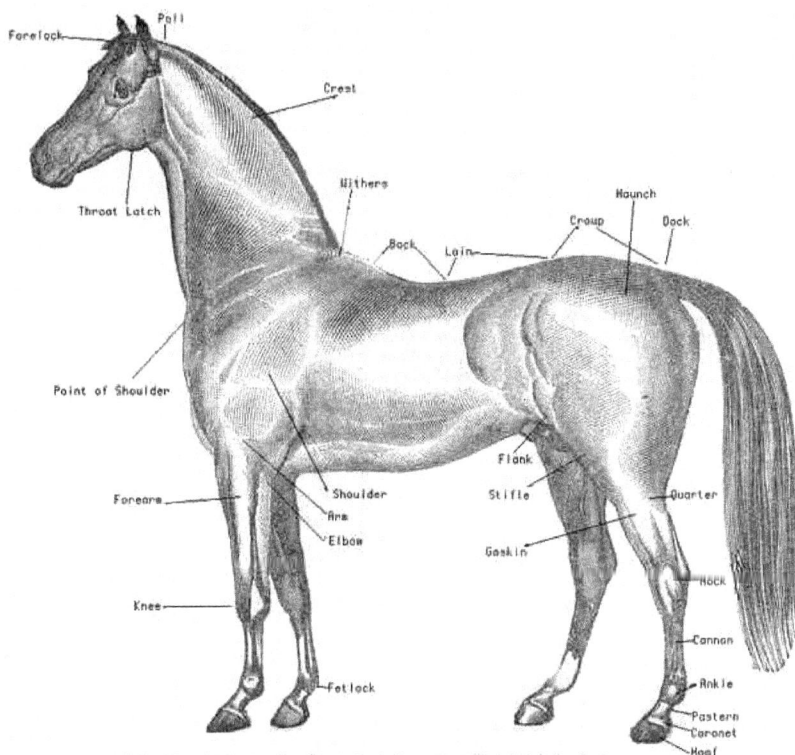

Forelock — Poll — Crest — Withers — Haunch — Throat Latch — Croup — Dock — Back — Loin — Point of Shoulder — Flank — Forearm — Shoulder — Stifle — Quarter — Arm — Elbow — Gaskin — Hock — Knee — Cannon — Fetlock — Ankle — Pastern — Coronet — Hoof

Based on an engraving of "Gold Dust" from *Manning's Illustrated Horse Book*
Copyright (C) Hubbard Bros., 1882

一太刀より寸腦にくらべて指さて

永身の丈けくの具嫌、アし

太刀の寸腦にくらべて指しぬべし、我身の丈にあはぬ嫌へり

大刀の双部の長さを腦の高さにくらべてさせ、長くても短くても善くない。細川忠興は提げて切先

が地に支へぬを度とし、加藤清正は二尺三寸位のを兵に持たせた。卜傳は常には二尺四寸の刀を指

し、事のある時は三尺の刀を指した。名人は別として常人は多きに従ふが過たない。

62

17

Jamais selecione uma espada a partir da medida entre o seu umbigo e o chão. Caso a espada não se ajuste ao seu corpo, deverá ser rejeitada.

Medir a lâmina da sua espada de acordo com a altura do umbigo não é bom. Se for muito longo ou muito curto, a espada será inadequada. Hosokawa Tadaoki (1563–1646) disse que o comprimento da lâmina deve ser tal que a ponta não venha a tocar o chão.

Kato Kiyomasa equipou suas tropas com espadas de dois Shaku e três Sun, 69cm de comprimento. Bokuden normalmente carregava uma katana de dois Shaku e quatro Sun (72 cm aproximadamente). No entanto, ele também era conhecido por às vezes levar uma espada de três Shaku (90 cm) no quadril. Guerreiros famosos estão, contudo, em uma classe própria. As pessoas comuns devem aderir às medidas padrão.

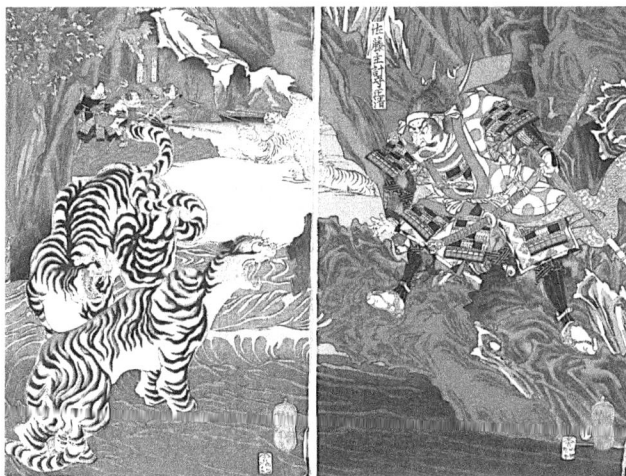

* Kato Kiyomasa (1562–1611) foi um Daimyo que viu o fim da Era dos Estados Beligerantes e o início do Período Edo. Ele participou da invasão da Coréia e caçava tigres armado apenas de uma lança.

一、反りのなき太刀と、嫌ふべし

切れ切れ内の廻る故也

鎬（そり）のなき太刀をば深く嫌ふべし、切る手の内のまはる故也

刀の反りが高ければ狂ひが直に手に感じ、又は目にも見える。 直刀は感じも鈍く目にも見え惡い。

18

Absolutamente e sem dúvidas rejeite qualquer Tachi sem uma curvatura adequada. Ela se contorcerá em suas mãos enquanto você corta.

Se houver uma curva muito acentuada na lâmina, você a sentirá se contorcendo em suas mãos. Você também poderá vê-lo. Uma espada excessivamente reta parecerá lenta ao longo do corte. Essa lâmina também será ruim aos olhos.

Ilustração de uma Tachi conhecida como *"Pequeno Pássaro"* do livro *"Ilustrações de Armas com Lâminas"*, do Período Edo

切るゝとて新身の太刀を帯人<ruby>帯人<rt>おびひと</rt></ruby>は、必ず不覺ありと知べし

刀は百年以上經なければ賴みにならぬ。人も若い間は元氣であるが、血氣が定まらぬから過ちがあ

つて賴みにならぬと同様である。

19

Saiba que uma pessoa que usa uma Tachi recém-forjada invariavelmente erra, mesmo que essa espada seja muito bem afiada.

Uma espada que não tenha pelo menos cem anos de idade é uma em que não se pode confiar. Como jovens cheios de vigor e energia, a espada jovem é cheia de vida também, além de instável. Não se pode confiar.

* É por essa razão que decidi traduzir este livro (nota da tradução original). O conceito de espadas jovens com menos de cem anos é fascinante. As pessoas daquela época não tinham a esperança viver além dos cinquenta anos de idade. Uma espada de cem anos realmente pertenceria a outra era. Além disso, não haverá maiores surpresas esperando por você, uma vez que qualquer inconsistência que tenha havido durante o processo de forja já terá sido revelada pelo passar do tempo.

Ilustração de uma Tachi propriedade de Minamoto no Yoshitomo (1123–1160).

勝負は長き短きかはらねど、さのみ短き太刀な好みそ
一寸増さりと謂つて手に叶へば長いが可いと云ふ。私の腰折に「打物は我身と敵と場所による、
假りの定めは兎にも角にも」結局中庸を得れば便利。

68

20

Embora uma batalha não seja necessariamente vencida ou perdida com base no comprimento de sua espada, uma Tachi particularmente curta provavelmente não é a melhor opção.

O que Bokuden está dizendo é que se o uso de uma tachi curta parecerá estranha ao se manusear, não há problemas em optar por uma mais longa. Minha regra geral é: "A arma que você escolhe para lutar depende de você, de seu oponente e do lugar. Em outras palavras, não há regra." No final, é melhor se optar pelo equilíbrio.

一打龍と打く響くしあしき太刀

车ぬい武士の習ひなりけり

打込みを打て響きのあしき太刀、はかぬは武士の習ひなりけり

切込んで響きの悪いのは、反りと肉置が悪いであらう。斯様の刀は武士は佩刀にせぬ習慣である。

70

21

Um samurai precisa aprender a identificar uma espada ruim pelo som e pela vibração liberados ao longo do corte.

O som e a vibração emitidos por uma espada durante o corte dirão se a curva ou as propriedades físicas da lâmina estão com defeito. Os samurais devem entender que nunca devem carregar uma espada como essa em seu quadril.

Um braço sendo decepado durante a cena de uma novela do Período Edo, *"Contos Estranhos e Não Usuais do Mestre de Esgrima Masamune"*.

今の世は太刀はすたるといひながら、刀も同じ心なるべし

今の世は太刀はすたるといひながら、刀も同じ心なるべし
太刀は佩いたり外したりに不便だから廢り、刀が用ひられて居るが、戰場では槍が盛んであるから
刀も亦廢つたやうなものである。

22

Hoje em dia, muitos estão abandonando a Tachi em favor da Katana, mas as mesmas precauções da primeira se aplicam à segunda.

A maneira de se colocar e de se retirar o Tachi é complicada, por isso foi abandonada em favor da Katana. Hoje em dia a lança tem maior papel no campo de batalha, então o abandono a Katana também tem sido deixada de lado.

鍔はたゞふときにしくはなきものを、細きを好む人ぞ拙き

山本勘介は云ふ、刀の鍔は徑三寸五分、脇差の鍔は三寸位が可しと。今日三寸の鍔は得難い、大體

二寸七分位である。

23

Embora haja uma tendência em se pensar: "Quanto mais espesso um Tsuba, melhor!", aqueles que pensam dessa maneira carecem de conhecimento adequado.

Yamamoto Kansuke disse: "O Tsuba da sua espada deve ter três Sun e cinco Bun, 10 cm de diâmetro, e o Tsuba da sua espada curta Wakizashi deve ter cerca de três Sun, 9 cm." Hoje em dia é difícil conseguir um Tsuba com três Sun. A maioria tem cerca de dois Sun e sete Bun, 8 cm.

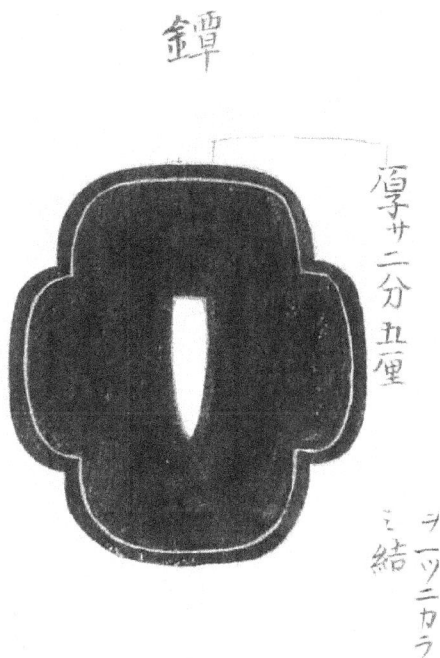

O tsuba de uma espada conhecida como "Demônio". Ela traz notas de "3 sun 5 bun" de espessura. Do livro *"Ilustrações da Espada Demônio"*, do Período Edo.

皆人のしらでや耻をかきぬらん、鍔につめある習ありとは

銕の鍔を銕の刀に入れては堅い物計りで互にすりへりて緩くなるから、鍔の穴の刄宗の兩方を磨り込んで銅を埋めて當りを柔かにしてへらぬ様にする。

24

Seja por ignorância ou por vergonha de não saber a maneira correta, muitos não sabem como prender o Tsuba à espada.

Há certa dificuldade em se acoplar a espada de aço junto à guarda de mão (tsuba). Conforme a espada é usada, eles tendem a se soltar. No espaço deixado pela crista onde ambos os lados da lâmina a tocam, devem ser colocadas tiras de cobre para diminuir o efeito de desmontagem.

鍔はたゝ切ぬき有を好むべし、厚き無紋を深く嫌へり

鍔は少しは切抜き則ち透しがないと敵の刀が當つた時應へが強くて響き目釘が折れることがある。

又あまり多く透せば血が手に流れて不可。

25

Você não deve selecionar um Tsuba somente pelo fato de que ele evitará que você seja atingido. Além disso, um protetor de mão grosso e sem decoração deve ser rejeitado imediatamente.

Ao selecionar um protetor de mão, verifique se na decoração existem buracos. O forte golpe da espada de um oponente atingindo uma massa sólida de metal sem buracos poderá fazer com que as vibrações quebrem o pino que segura a empunhadura da espada. No entanto, caso haja muitos buracos, o sangue poderá pingar sobre a sua mão.

あら鍔はいかに厚くも切ぬべし、たとへ薄きも古き好めり

新しい鍔は厚くても切れるであらう。　古い鍔は薄くても年を經ると共に練れ、　又錆もついて切れ難

いからである。　卜傳の比には今見る様な厚いのはなかつた。

80

26

Um Tsuba grosso protegerá as suas mãos de um corte, mas uma guarda de mão antiga e mais fina é a que você deve procurar.

Um novo protetor de mão, mesmo que espesso, poderá ser cortado em dois. Uma guarda de mão antiga, embora possa ser mais fina, já estará temperada com a idade. Mesmo se houver um pouco de ferrugem na guarda de mão, ela resistirá ao corte. O protetor espesso de mãos que é visto hoje em dia não existia quando Bokuden escreveu essas palavras.

一鞠いた〜知く長さと好しも

さの〜しきさまく時ふ

柄はたゞ細き長きを好めども、さのみ長きはまた嫌ふなり

細い柄は取落さぬ、大きい柄を寒中持てば尤も落し易い。馬上の太刀打には大體鍔に穴を開け紐を

付つけて腕貫とする。落したら拾へぬからである。

27

Conquanto você deva selecionar uma espada com uma empunhadura longa e fina, você deverá rejeitar qualquer espada com uma excessivamente longa.

É menos provável que você derrube uma espada com uma empunhadura fina, no entanto, em clima frio, é possível que você derrube uma espada com uma empunhadura grossa. Na maioria das vezes, quando estiver a cavalo, você deve passar uma corda pela guarda de mão da espada e amarrá-la junto ao braço, pois caso ela caia, você não poderá mais recuperá-la.

一　柄鞘のふときことをねむ心人ありて

まだものなれぬ尻としるべし

柄鞘の太きを好む人はただ、まだ物なれぬ故としるべし

必要以上に丈夫に作るは無益有害である。

84

28

Saiba que os samurais que preferem guarda de mão e bainhas espessas para suas espadas são, francamente, ineptos.

Armas com estrutura robusta tendem a gerar mais problemas do que soluções.

一 よき鮫の裏をばさのみとらずして、巻たる柄ぞ強くこたゆる

よき鮫の裏とはさのみとらし　巻たる蛹って強くこてゝる

よい鮫の皮は大體粒が荒いから裏をとれば身が薄くなつて弱くなり易い。

29

Ao se preparar pele de tubarão de alta qualidade, não raspe excessivamente a parte interna. Mantenha isso em mente e você terá um revestimento muito mais forte na empunhadura da sua espada.

Uma boa pele de tubarão tem padrões irregulares de ranhuras e protuberâncias espalhadas aleatoriamente; portanto, se você raspar excessivamente a parte interna da pele, ela tenderá a se desmanchar devido à fina espessura.

* Na realidade, a pele de tubarão de que se fala, vem de uma espécie de arraia. Durante a Era dos Estados Beligerantes, ela precisava ser importada, o que a tornava muito cara. Devido às protuberâncias e às ranhuras ásperas, essa pele é usada para recobrir a empunhadura das espadas, garantindo durabilidade e oferecendo senso estético.

Há um ensinamento do Mestre Fudomyo, que descreve os segredos embutidos na Katana, uma das linhas diz:

As protuberâncias na pele de um tubarão são como sub-santuários dos céus. Eles representam todos os trezentos e sessenta deuses. Os maiores dentre eles são conhecidos como os tubarões-guardiães que representam Vênus ao entardecer, Vênus no meio da noite e Vênus ao amanhecer.

柄はたゞ皮にまされる物はなし、糸にて巻けばぬれてかはかぬ

革柄はすべるとも云ふ。滑る皮柄は皮の上に漆をかけた肥後柄の類であらう。この皮は鞣しであら

う。

30

A empunhadura de uma espada não deve ter somente couro trançado em torno dele. Se você trançá-la apenas com tecido, verá que ela não secará facilmente depois de molhada.

Diz-se também que uma empunhadura toda em couro é escorregadia. Uma solução seria o estilo do domínio Higo, pelo qual laca é pincelada sobre a proteção de couro, como método de curtimento.

菱巻に巻きたる柄は手の内の、あしき物ぞと兼てしるべし

平巻を可としたるもの、今日多く行はれて居る菱巻を不可としたらしい。ひねつて角菱に巻いたの

は餘り手に障らぬから却つて可いと思ふ。これは維新前に流行した。

31

*Trançar a empunhadura da sua espada no estilo
palha de arroz é, definitivamente, uma péssima idéia.
Isso afetará o manuseio da sua espada.*

O que está dito nessa passagem é que o estilo Hiramaki de trançar a empunhadura da espada é o mais adequado. O estilo Hishimaki usado hoje em dia não era considerado bom à época. Os sulcos que se elevam devido a esse método deixam o cabo irregular impedindo o manuseio da espada, no entanto causam menos erros.

* A respeito do estilo Hishimaki: O cabo da espada é recoberto para aumentar a força, melhorar a aderência e o manuseio da espada. Nos períodos anteriores ao Edo, o cabo era trançado com laca sobre tiras da glicínia (wisteria). A partir do Período Edo, tiras de seda retorcidas sobre o couro passaram as ser usadas com mais frequência. O estilo Hishimaki possui um formato familiar de diamante que surge como resultado desse processo, semelhante ao padrão Hishi (calcitrapa). Usa-se pele de arraia para evitar que a espada escorregue, além de seu fim estético. Empunhadura de espada recoberto com estilo Hishi Maki

Outros padrões Hishi:

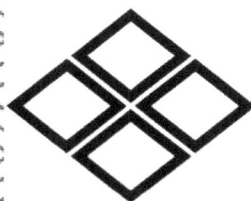

目貫をば長きを好めうたば打て、短く高き目貫嫌へり

目貫にはたゞ生物を好むべし、二足四足の習ありけり

目貫の高いのは邪魔になる。二足とは鳥、四足とは獣である。

92

32/33

Ao escolher um Menuki para a sua espada, prefira um mais longo. Rejeite um Menuki curto e espesso. O Menuki deve sempre ser de seres vivos. Existe um ensinamento sobre os de duas e de quatro pernas.

Se um Menuki for muito espesso, ele atrapalhará a empunhadura. Duas patas refere-se a pássaros e quatro patas a animais quadrúpedes.

* Originalmente, o Menuki era uma espécie de cobertura para o Mekugi, o pedaço de bambu que segura a lâmina de metal ao cabo da espada. Seu uso era para indicar onde o Mekugi está localizado. Nos adias atuais o Menuki tem função decorativa, sendo posicionado em lugares diferentes.

目貫にはゆゝしき習あるものを、しらで打こそ拙かりけり

ゆゝしき習ひは知らす。

34

Há um ditado sobre o Menuki: "Se você o ignorar completamente, você acabará cometendo um erro quando atacar".

Eu não sei o que isso significa. *(nota da versão original)*

* Eu também não, mas pode ser simplesmente apenas uma precaução. Estar sempre ciente da condição dessa peça. Também tenha sempre cuidado com relação ao estado geral de seu equipamento. *(nota da edição em inglês)*

** Embora o menuki tenha ganhado valor estético ao longo do tempo, a função original era melhorar a empunhadura (pegada), "preenchendo" os espaços vazios entre a mão que envolve o cabo e o cabo propriamente dito e garantindo uma empunhadura "sem vazios". Ignorar ou não usar menuki (talvez por criar irregularidades, assimetrias ou por incomodar as mãos, fazendo calos) seria considerado um erro, pois, na verdade, o menuki ajudaria a manter um hasuji correto, evitando que o cabo da espada balançasse dentro das mãos com o impacto do corte. (nota da edição em português)

長刀(なぎなた)は二尺に足らぬほそ身をば、持つは不覺のありと知るべし

身が短かければ中心も短いから柄を切られるからである。

96

35

Se a lâmina de uma alabarda for fina e menor que dois Shaku, aquele que a manipula terá problemas.

Se a lâmina da alabarda for curta, significa que a parte incorporada à base da alabarda será curta também, permitindo que a empunhadura seja cortada facilmente. A empunhadura poderia ser facilmente cortada.

一

（草書）

手足四つ持たる敵に小長刀（こなぎなた）、持ってかゝるもよもや切られじ

小長刀のやうな短いもので、人を切ることは先づむつかしい。天慶の亂の比の小長刀は三尺足らず、此頃の小長刀は二尺足らず。

98

36

Qualquer pessoa armada com uma alabarda curta, de frente para um oponente montado a um animal de quatro patas, será provavelmente morta.

Antes de tudo, atingir uma pessoa com uma arma curta, ainda que uma alabarda, é difícil. Durante o período da Rebelião Tenkei, um levante ocorrido no século X que durou 59 dias, uma alabarda curta media menos de três Shaku (90 cm aproximadamente). Na era de Bokuden, (passagem do século XV para o XVI) uma alabarda curta era inferior a dois Shaku (60 cm aproximadamente).

Uma mulher armada com uma alabarda (Naginata) contra uma mulher armada com uma corrente (Kusari), do livro *"Cem Versos de Artes Marciais"*.

太刀かたな持たる敵に小長刀、しすます時は相討としれ

今日太刀と長刀の試合には、太刀の方は馴れぬ臑を切られるのと、長刀の柄を握ることも切つて落すことも出来ぬから損であるが、眞劍は樂らしい。

37

Caso você esteja armado com uma Katana ou uma Tachi, ao enfrentar um oponente armado com uma Naginata curta, o melhor que você pode fazer é matá-lo no exato momento em que ele o corta.

Atualmente, se houvesse um combate armado entre alguém com uma Tachi contra um oponente armada com uma Naginata (alabarda), o lutador com a Tachi deveria se concentrar em atingir a região da canela devido a sua desvantagem contra a arma longa. Além disso, nas lutas de hoje, aquele que luta com a espada não consegue cortar a empunhadura da alabarda, o que seria mais fácil com uma espada de verdade.

* O trecho "⋯nas lutas de hoje⋯" provavelmente se refere à prática de Gekiken (lê-se Gekken – antepassado do kendō moderno), combates de esgrima onde espadas de bamboo, alabardas, bem com foices com correntes eram usados.

鎗はたゞ力に合せ持ぬべし、尺にあまれる穂ばし好みそ
鎗はたゞ力に合せて持て、一尺に餘る穂でも好むか、好んではならぬ。普通は七八寸である。

102

38

Selecione uma lança apropriada à sua força. Quanto à ponta, alguns preferem mais longas que um Shaku, outros não.

Uma lança deve ser adequada a seu corpo. Uma ponta de lança maior que um Shaku (30 cm aproximadamente) pode ser boa ou não. A média é de sete a oito Sun (entre 24 e 27 cm aproximadamente).

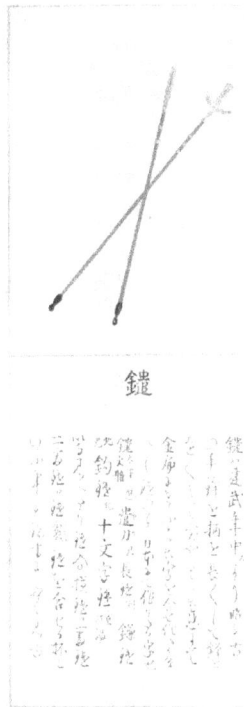

Exemplo de lanças do século XIX do livro *"Ilustrações de Armas com Descrições"*

* Esse período não aparece na versão escrita a pincel das "Cem Regras da Guerra"

鎗の穂は長きにしくはなきとても、さのみ重きは不覺なるべし

鎗の穂は長いのにこすことはないけれども、餘り重いのは失敗するであらう。

39

É bom que a ponta da sua lança seja longa.
No entanto, se for muito longa, você poderá ter problemas.

A lâmina na ponta da sua lança não deve ser excessivamente longa. Caso a ponta da lança fique muito pesada, você perderá.

Ilustração de artesãos de lança, de meados do Período Edo,
Visões Contemporâneas de Artesãos

羽ならで空には得てし登るとも、手さへぬ鎗に勝はあらじな

翼がなくて空に登り得ても、手に持たぬ鎗で勝はあるまい。

106

40

Mesmo que você seja capaz de voar alto sem penas, você não terá chance de vitória usando uma lança que não possa empunhá-la com as suas duas mãos.

Mesmo se você for capaz de voar sem asas. Sem uma lança que você não possa segurar com as duas mãos, você não alcançará a vitória.

鎗の柄は長きにしくはなきとても、所しらずは不覺なるべし
武器の長短輕重は我と敵と場所の三つによつて異るべきである。それで長いのがよくても所を知ら
なければ失敗するであらう。

41

Embora o cabo da sua lança deva ser preferencialmente longo, se você ignorar a configuração do terreno sofrerá consequências.

O comprimento longo ou curto da lança, bem como a sua estrutura, mais leve ou mais pesada, devem ser escolhidas com base em três fatores. Você, seu inimigo e o terreno da batalha. Portanto, mesmo que a sua lança seja boa o suficiente, não conhecer o terreno da batalha resultará em derrota.

一

長き柄の鑓は短くするとても、その時々にさはりあらじな後の事を思うて其の場の不便を忍んでは不利である。其時々々を尤も大事とせねばならぬ。故に長い柄の鑓は短くして遣つても差支ない。

42

Ao cogitar em diminuir o comprimento do cabo da lança, lembre-se de considerar as impressões do terreno.

Após a devida consideração, perceber que há algum inconveniente no campo de batalha será, na verdade, uma grande desvantagem. Embora pouco frequente, é essencial que você faça o julgamento correto. Assim, em princípio, não há nada de errado em encurtar um cabo de lança longo.

一甲をば輕く手細く眞向の、實の厚きを好み着るべし

胄をば輕く手細く眞向の、實の厚きを好み着るべし

左右後の方は薄く前丈け厚くして手輕に丈夫にして着なさい。

112

43

No que diz respeito a elmos, você deverá usar um que seja leve e fino, exceto na frente, onde deverá ser mais espesso.

Os flancos e a parte traseira do capacete devem ser finos, enquanto toda a frente deve ser espessa e bem reforçada. No geral, ele deverá ser leve, mas robusto.

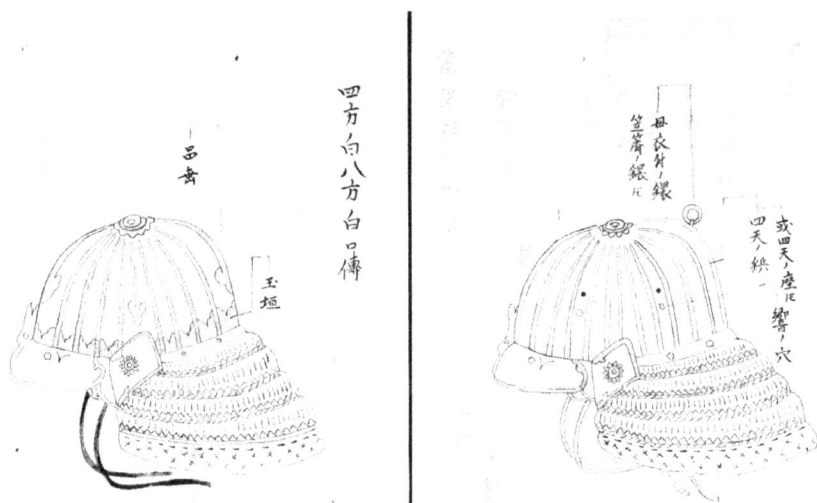

Diagrama contendo dois elmos de um livro do Período Edo chamado *"O Livro da Armadura"*.

鎧をばその色々にをどすとも、只手軽きにしくはあらじな

威し糸や革の色は兎に角、只手軽いがよいであらう。

素肌と甲冑着用の損得には議論がある、用心する程怪我をするとも云ふ。

44

Apesar de existirem muitas opções e cores disponíveis para uma armadura, no final é melhor escolher algo fácil de se manusear.

Não há nada de errado em sua armadura possuir malhas ou couraça de cores vibrantes, desde que seja prática para vesti-la. Há muito debate sobre os méritos e deméritos relativos ao uso de armaduras diretamente sobre a pele, sem uma cobertura de proteção. Caso você tente se proteger demais, poderá se ferir.

心ある昔の人の着し鎧、むな板ばかりさねあつくせり

いつとても鎧の下の膚巻は、綿入る絹にしくなかりけり

冬は勿論綿が必要で夏は鎧が灼けて暑いから、同じく綿で灼けを防ぐ。此比の綿は眞綿である。ま

だ木綿は日本に來て居ない、故に絹といつた。

116

45/46

Antigamente, a maioria das pessoas pensavam que, "desde que o peitoral seja espesso, o resto não importa".

A bandagem que você enrola ao redor da sua cintura antes de vestir a sua armadura deverá ser sempre de seda com algodão.

É óbvio que, no inverno, é necessário algodão entre a pele e a armadura, mas no verão esse mesmo preenchimento é necessário porque o sol aquece o metal. Portanto, o algodão protege contra queimaduras. O que se entende por "algodão" aqui é, na verdade, uma espécie de trama de seda ou barbante. Nesta época, o algodão ainda não havia chegado ao Japão. Portanto, trata-se de seda.

草摺と小手臑當と脇立は、好み〳〵にとにもかくにも
置刀夏は枕に冬は脇、春秋ならばとにもかくにも

此比の夜具はふとんでなく、袖があつて邪魔になるから枕刀を置くに、深く着る冬は却つて脇がよく、夏は枕元がよく、春秋はどうでもよい。

47/48

Tudo, desde o Kusazuri até as guardas de antebraços e canelas, podem ser do seu gosto. As decorações que nos flancos esquerdo e direito do seu elmo também podem ser as que você desejar.

No verão, coloque a espada próxima ao travesseiro, no inverno ao seu lado. Na primavera e no outono, faça como preferir.

A roupa de cama descrita aqui não é um futon, mas um quimono de mangas longas. Uma roupa assim pode acabar se enrolando na sua katana; sua espada deve, portanto, ser colocada próxima ao travesseiro. Como você está propenso a dormir profundamente nas noites de inverno, é melhor manter a sua Katana ao seu lado. Durante o verão, é melhor colocá-la próxima ao travesseiro. Na primavera e no outono, a decisão é sua.

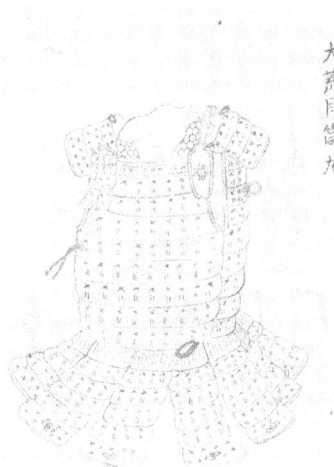

Ilustração da parte superior de uma armadura. Kusazuri são as placas penduradas abaixo da cintura para proteger a parte superior das pernas. Do *"Livro da Armadura"*, do Período Edo.

武士は妄に食をせぬぞよき、日に二度ならで好みばしすな

武士は飢ゑに堪へる習慣が必要であるし、用心もせねばならぬから、昔乍らに二食がよい。この頃から三度食ふ者もあつたらしい。

49

Samurais não se refestelam em banquetes. Comer duas vezes por dia é mais que suficiente.

Os samurais devem ser treinados para suportar a fome e estar sempre em guarda. No passado dizia-se que duas refeições por dia bastavam. Parece que algumas pessoas chegavam a comer até três vezes ao dia.

武士の軍の場には出るとき、湯漬にしくはなきとしるべし

種々な御馳走を食べて戦ひに出て、食が治まらぬ先に首を斬られると、切口から其の食物が出て汚い。湯漬ならばましでもある。臆病者は食物が咽を通らぬ。此比茶は一般でなかったらしい。

122

50

Se um samurai estiver se preparando para entrar no campo de batalha, é aconselhável evitar comer qualquer coisa que não seja água quente derramada sobre arroz.

Se você comer muito durante um banquete antes de uma grande batalha, a comida não terá terminado de ser digerida quando a luta começar. Caso a sua cabeça venha a ser cortada, toda aquela comida se espalhará, causando uma grande confusão. A comida não passa pela garganta de um covarde. Parece que o uso do chá não era algo comum.

* Ainda hoje existe uma refeição simples chamada *Ocha-zuke*, feita basicamente de chá quente derramado sobre arroz. Ocasionalmente, pequenos pedaços de peixe ou outras coisas eram adicionadas. No final, Hori Sensei comenta que o chá não é mencionado, supondo que na era de Tsukahara Bokuden usava-se apenas água.

** Ainda mais simples é o mingau de arroz *(okayu)*, uma comida leve do Japão comida por monges e para tratar pessoas em período de convalescência. *(nota da edição brasileira)*.

武士の冬の軍に炒豆を、持たずば不覺えてはあるべし

武士のいつも身に添へ持べきは、双つくる爲の砥石なるべし

鎧櫃には大體名倉砥を入れたものである。

51/52

O samurai deve sempre se lembrar de carregar feijões assados, para não ser pego desprevenido.

Um item que um samurai nunca deve ficar sem, é algo usado para afiar sua lâmina. Uma pedra úmida de amolar.

Uma pedra de afiar *Nagura*, da Prefeitura de Aichi, é geralmente mantida no peitoral de sua armadura.

* As pedras de amolar de Nagura eram originalmente extraídas no Domínio de Mikawa, agora Província de Aichi. Era conhecida como "a pedra branca de três rios". Cerca de 700 anos atrás, um homem chamado Nagura Sakon estava caçando. Enquanto se movia pelas montanhas, ele se deparou com o "Lago da Chegada da Fenix" e afiou suas flechas e espada em uma rocha ali. Satisfeito com os resultados, ele trouxe um pedaço da rocha com ele e para todos a quem ele a mostrava se maravilhavam. Mais tarde, a rocha ficou conhecida como a pedra úmida de Nagura.

Dizem que os samurais perceberam a utilidade da rocha e que inclusive, todas as tropas de Takeda Shingen faziam uso dela para afiar suas espadas e suas lanças.

武士の身に添へてさす刀には、椿の油みねにぬるべし

刀を指せばみねが一番鞘に當つて錆び易いからであらう。今は全體に塗る。

126

53

A Katana usada por um samurai deve ser tratada com óleo de camélia.

A parte de trás da katana é a parte da sua espada que faz mais contato com os dedos e com a bainha. É o local mais suscetível à ferrugem. Hoje em dia, todo o comprimento da lâmina é untado.

武士は女にそまぬこゝろもて、これぞほまれの教成ける

新田義貞は美人に心を染めて戦機を失ひ、大にしては建武の中興を無にし、小にしては身を亡した

といふ。此類は世に甚だ多い。

54

Um Samurai não deve ficar obcecado por mulheres. Qualquer caminho para a honra exige que se respeite isso.

Niida Yoshisada (1301-1338) ficou impressionado com a beleza de um mulher e perdeu sua vantagem estratégica. A grande consequência de sua obsessão foi que ele perdeu a chance de expandir sua vantagem militar. Com isso ele perdeu a vida. Inúmeros exemplos disso podem ser encontrados em todo o mundo.

* O nome de uma mulher se perdeu, mas sabe-se que ela era da família Yukitada. Aparentemente, Yoshisada ficou perturbado porque eles se separaram e, no seu sofrimento, acabou atrasando a partida de suas tropas.

武士の帯はせばきを好むべし、ひろきは刀ぬけぬ故なり

角帯の廣いのを言ふのである。今日は普通兵見帯であるから其の心配はない。

一武士の帯せばきをこのむべし廣きは刀抜けぬ故なり

55

O samurai deve preferir um cinto fino, pois talvez você não consiga desembainhar a sua Katana se ele for muito grosso.

Isso se refere a um *Kaku Obi* que tende a ser mais espesso. Hoje em dia, como as pessoas usam normalmente um *obi* de um soldado raso, não há nada com que se preocupar.

ものゝふの寒きがまゝに足袋はきて、不覺をかゝぬ事はあらじな

此頃は革足袋であつたらしい。今の木綿足袋でも疊の上は大に危い。

56

Samurais que têm de vestir Tabi devido ao clima frio devem ter cuidado para não cometer erros.

Aparentemente, na Era de Bokuden, os Tabi eram feitos de couro. Mesmo com o Tabi de algodão que usamos hoje em dia, é preciso ter muito cuidado nos tatames de palha.

* Tabi são espécie de meia ao estilo japonês, com o dedão do pé separado dos outros dedos.

Ilustração de artesão de tabi, de um livro de meados do Período Edo, *"Visões Contemporâneas de Artesãos"*.

一　武士れ刀れ刀...（常に覺の…あらめ）

一　兒や女れ刀...

一　心士れ...皮草履

武士のふむに揣き皮草履、兒や女のかざりなるべし

武士の刀のつめをしらでこそ、常に不覺のゑてし有らめ

刀のつめとは柄のつめであらう。使つて柄が寬くなつたのは物を「つめて」動かぬやうにする。

ものゝふの味ひ好みするなたゞ、常に湯漬を食するぞよき

武士は非常に處するを職とするから、美食をして居ては非常の役に立たぬからである。

134

Se o Samurai não consegue andar apropriadamente com calçados de couro ou de palha sem tropeçar, eles não são melhores do que as bugigangas com as quais os meninos e as meninas brincam.

Um samurai que carrega uma Katana sem que se ajuste apropriadamente as bases do Tsuba deve saber que um acidente poderá acontecer a qualquer momento.

Se a empunhadura da sua espada estiver bem acomodada, é porque a sua espada foi bem montada e, portanto, não se move.

* Acredito que "bem acomodada" refere-se ao uso do Seppa 切羽, anilhas instaladas acima e abaixo do protetor de mão Tsuba, que servem para ajustar os encaixes.

一、武士それ味ぬas たゞ
湯漬 と食flesh rs smth

ものゝふの味ひ好みするなたゞ、常に湯漬を食するぞよき

武士は非常に處するを職とするから、美食をして居ては非常の役に立たぬからである。

136

59

É indecoroso que os samurais se inebriem pelo sabor dos alimentos postos diante deles. É melhor que a sua refeição seja uma sopa feita de água fervida derramada sobre o arroz.

A profissão do samurai envolvia estar em um ambiente extremo. Portanto, comida muito elaborada não era benéfica para eles.

* Similar às advertências com respeito à comida entre as posições 49~51.

武士の阪と馬上にさす刀、鎬（そり）をうたぬは不覺なるべし

五百年も前から刀を指して、双は上にあるのに、拔く時は太刀同様反りを打たせた。反りを打たせや拔く様になつたのは二百年計り前からである。故に阪を下る時抔に廻して反りを打たす孔ば吻に當り、馬上では左手を使はれぬ事もあるから、何時でも拔ける様に反りを打たして指す必要があつた。

60

A Katana que os Samurais usam enquanto no campo de batalha ou montados a cavalo deve ser desembainhada próxima ao corpo, a menos que você deseje que um erro recaia sobre você.

A Katana passou a ser embainhada com lâmina voltada para cima há aproximadamente quinhentos anos. A despeito disso, ela continuou a ser desembainhada sendo trazida ao peito, como se fazia com a Tachi. Sacar a espada sem trazê-la junto ao peito iniciou-se há apenas duzentos anos. Assim, ao entrar no campo de batalha ou em combate, você gira a bainha trazendo-a próxima ao peito. Ao fazer isso, fica mais fácil sacá-la e atacar. Você também pode ter que desembainhar com a mão esquerda enquanto estiver a cavalo. O conselho que Bokuden dá é: "Uma vez que você nunca sabe quando e onde terá que sacar a sua espada, é recomendável mantê-la sempre pronta."

一心士れ軍の場み持

に備んまいろく―く

武士の軍の場には、もつ物は、梅干にますものはあらじな

梅干は咽の渇きと消毒にもよいからである。今日は梅漬はあるが、梅干は殆どない。

140

61

Saiba que, entre as coisas que um samurai carrega no campo de batalha, não há nada melhor do que ameixas secas ao sol.

Ameixas penduradas em cordas e curtidas ao sol são eficazes contra garganta seca e ajudam a matar germes. Hoje em dia, temos ameixas em conserva, mas elas não são tão úteis quanto as secas.

武士の足ふみのべてあほむきに、ねては勝負に勝たぬもの哉

伸ばした足は縮めねば起きられぬ。仰向きを押へられたら起きられぬ。用心には横向きで足を縮め
て寝るが良い。大體武士は寝姿を人に見せぬものである。

142

62

Esteja ciente de que um samurai deitado de costas e com os pés estendidos provavelmente não vencerá em uma batalha.

Se as suas pernas estiverem esticadas, você não poderá se levantar sem movimentar os joelhos. Se durante a batalha você for derrubado e cair de costas nas batalhas, você não será capaz de se levantar. Para estar melhor preparado contra qualquer coisa, você deve dormir de lado, com os joelhos dobrados. Na maioria das vezes, os samurais não deixam as pessoas verem como eles dormem.

一、武士れ兒や女かたらとめぐ
れくれぬ事ち――を

武士の兒や女に戯れて、心おくれぬ事はあらじな

武士が美少年や女に心を移して居ては臆病になる。財産にでもさうである。

144

63

*Os samurais nunca devem desviar seus corações
para flertar com jovens garotos ou garotas.*

Samurais que se deixam enamorar pela beleza de jovens
garotos ou garotas são covardes. pessoas são covardes. O
mesmo princípio se aplica ao uso do dinheiro.

武士の勝負の場に出るとき、跡と左右にこゝろちらすな

初めに能く注意して置いて戦ひ乍ら氣を散らしてはならぬ。地の利人の利は戦ひに尤も大切である。

64

Ao entrar em confronto, o Samurai não deve olhar para trás no caminho percorrido, nem no que está à esquerda ou à direita.

Desde o princípio você deve se concentrar totalmente na batalha e não permitir que o foco se esvaia durante o seu decurso. Os aspectos mais importantes da batalha são o uso de pessoal e da geografia natural.

Ilustração de Minamoto no Nakazuna, de um livro do Período Edo, *"Os Cem Versos da Bravura"*.

一むされ暑き寒きの分ちなく
野山をかけて身をからすべし

武士は暑さ寒さの分ちなく、野山をかけて身をからすべし
武士は夏でも冬でも狩り抔して身體を鍛錬せねばならぬ。戰國の武士はさうで泰平の徳川時代には
武術で心身を鍛錬した。

65

Os samurais não devem se importar nem com o calor do verão, nem com o frio do inverno, enquanto correm pelos campos e pelas montanhas, exaurindo seus corpos.

Como método para fortalecer seus corpos, os samurais precisavam caçar e pescar no verão e no inverno. Isso é o que era feito durante a Era dos Estados Beligerantes. Durante a pacífica era dos Tokugawa, eles se dedicaram ao estudo das artes marciais para forjar o corpo e a mente.

武士は力遊を常とせよ、さらずば筋ののびたゆむべし

ものゝふの心にかけよ水游、知らずば常に不覺あるべし

舊藩時代には日々勞働する百姓でも力石抔を擔いだり、指上げたりして筋肉を鍛へ力量を增す事に努めたが、明治になつてから力業を馬鹿にして今は其の力石もなくなつた。而して今日の青年は弱くなつた。

66/67

Como samurai, você deve passar tempo na água, podendo causar um desastre caso não o faça.

Os samurais devem, naturalmente, se envolver em disputas de força. Caso contrário, seus músculos ficarão fracos.

Antes da Restauração Meiji, quando cada estado do Japão tinha o seu próprio domínio, os camponeses se fortaleciam por meio do trabalho diário. Eles também testavam a si próprios levantando e carregando pedras grandes em frente aos santuários locais e faziam flexões para fortalecer seus músculos e ganhar força. Contudo, a partir da Era Meiji, tais demonstrações de força começaram a ser ridicularizadas e o uso dessas rochas diminuiu. Não surpreende que a juventude de hoje seja fraca.

* *Chikaraishi* ou "pedras de poder" ainda podem ser encontradas junto a santuários shintoístas. Elas eram usadas em competições durante festivais locais e também serviam como oráculos.

一　武士の心たゆめばおのづから

武士の心たゆめばおのづから、膚は肥へて身ぞ重くなる

武士のはしる刀を指こそは、もたぬ敵をももつとしるべし

獨りで抜ける様な刀を指しては敵を造ることがある。　鎌倉時代までは知らぬ人に道で逢へば、五に

太刀の柄に手を懸けて通り過ぎたと言ふ程用心した。

152

68/69

Se você permitir que seu espírito samurai perca o vigor, claramente seu corpo seguirá o exemplo. Sua pele começará a se esticar à medida que você ganha peso.

Samurais nunca ficam sem uma espada no quadril. Isso significa, é claro, que um inimigo desarmado acabará se armando.

Usar uma espada que você sabe desembainhar tende a atrair inimigos. Até a Era Kamakura, quando duas pessoas desconhecidas se cruzavam em uma estrada, diz-se que elas mantinham a mão em guarda sob o cabo de suas espadas até que passassem uma pela outra.

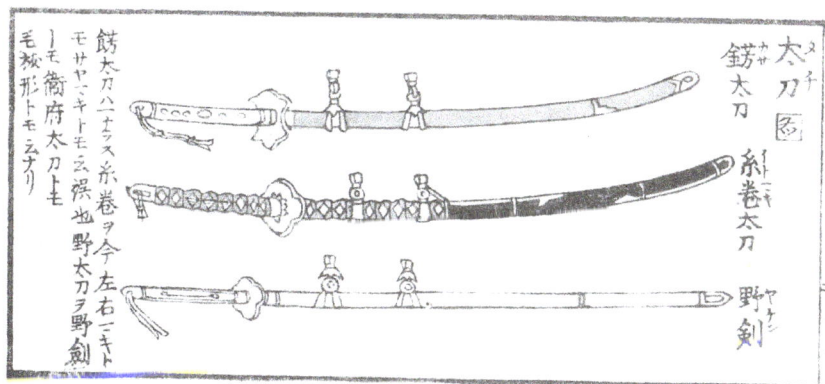

Três exemplos de Tachi do livro *"Considerando Armas"*, do Período Edo.

武士の刀の目釘見もせずに、腰にさすこそ拙かりけれ

剛勇の士を計つて討つには、知らぬ間に刀の目釘を抜いて戰ひを挑む事もある。故に他家に行つた時抔は、置いた刀を取つてさす時に必ず目釘を改むべきもの。而して常に代りの目釘を持つべきである。

154

70

Samurais nunca mostram o pino que segura a empunhadura da espada às pessoas. Ao colocar a espada em sua cinta, os samurais tomam cuidado para não cometer esse erro torpe.

Existe uma maneira de derrotar um guerreiro com força bestial através da astúcia. Primeiro remova secretamente o Mekugi, ou pino que segura o cabo junto à base da sua espada. Somente após, você o desafia. Da mesma forma, quando você recuperar a sua espada, depois de visitar outra casa ou algo parecido, você sempre deverá trocar esse pino. Portanto, é importante que você leve vários *mekugi* consigo por precaução.

武士の酒を過すぞ不覺なる、無下に呑まぬも又おろかなり

武士たる者は酒を過ごして人に隙を見せてはならぬ。　然し少しも呑まぬ様ではまただめである。

71

Por um lado, samurais que bebem em excesso estão sujeitos a cometer erros. Por outro, aqueles que não bebem são covardes.

Um samurai não deve beber a ponto de demonstrar as suas fraquezas. Dito isso, abster-se completamente também não é bom.

武士の月額を剃る剃刀を、かりにも女の手にもとらすな

武士の頭は大切である。兜の頂上は八幡様の鎭座まします處、則八幡座その頭を剃る剃刀を汚れ多い女に遣はせぬのは勿論手にも取らせてはならぬ。

158

72

A navalha usada para barbear o topo da cabeça de um samurai nunca deve ser manuseada por uma mulher.

Um samurai deve cuidar de sua própria cabeça. No topo de seu elmo, o deus Hachiman senta-se em silêncio, imóvel em todo seu resplendor. Permitir que alguém impuro segure a navalha que raspa o local onde Hachiman se senta é impróprio.

一むさればまれ枕一二重帯

ものゝふの夜の枕に二重帯、おかぬはあはれ不覺なるべし

夜中に事があれはねまきを脱がず、其上から着物を着て駈出さねばならぬ事もあらう。其時は寢卷の帶と常の帶と二重に入る。簡易な生活の時代で一般には帶は一つであつたらう。

73

O samurai deve colocar dois cintos junto ao travesseiro à noite. Não o faça por sua conta e risco.

Caso algo aconteça no meio da noite, você não terá tempo para remover sua roupa de dormir e, em vez disso, terá de vestir seu quimono sobre o pijama enquanto sai correndo. Por esse motivo, você precisa ter um *obi* para a sua roupa de dormir e outro para o seu quimono. Naquela época, de costumes mais simples, as pessoas comuns provavelmente tinham apenas um obi.

武士の夜（よる）のねまきのきぬにこそ、裏表をばせぬ物としれ

武士は寝姿を見せぬもの故、暗い所で寝巻を着る事は少くないから裏表があつては失敗することが

ある。といふのであらう。

162

74

A roupa de que o samurai usa deve ser de um material que não tenha lado externo ou interno.

Os samurais nunca mostram a maneira como dormem e, portanto, costumam trocar de roupa no escuro. Portanto, ter um uma roupa de dormir que tenha faces diferentes pode resultar em constrangimento. Esse é o ponto.

武士の夜の枕に鼻紙を、布てねるこそ教なりけれ

鼻紙は不時の用に使ふもの。

164

75

Os samurais colocam um lenço de papel junto ao travesseiro à noite. Os samurais são ensinados a não ter restos de tecido junto à cama.

Esse lenço de papel será útil em momentos inesperados.

一、武士のかつげる笠の右の緒と

武士のかつげる笠の右の緒を、かりにつくるそ習成ける

笠の緒しつかり付けて急な場合に失敗したものがある。

76

Os samurais jamais devem adquirir o hábito de amarrar o lado direito do chapéu de palha com um nó falso.

Se você não amarrar com segurança o nó ao lado direito do seu chapéu de palha, caso seja surpreendido por alguma uma ameaça, poderá ser morto.

* Duas perspectivas interessantes sobre essa frase. A primeira é a expressão, [勝って兜の緒を締めよ] - "Não afrouxe o nó que amarra o seu elmo após a vitória". O que é uma advertência para se manter diligente e atento. A segunda é *"Kasa no O Bumi"* ou "uma mensagem enrolada junto à corda que mantém o seu chapéu de palha amarrado".

Imagem de uma cena de um livro de 1910 *"Espelho da folhagem"* - かゞみ草 - de Nagay Shigena - 長屋重名 - mostrando uma mensagem enrolada junto à fita de um chapéu de palha.

武士の道行時に逢ふ人の、右は通らぬものとしるべし

右方は抜付け抜討を仕易いから危いのである。

168

77

Quando um samurai encontra com uma pessoa enquanto cruza por uma estrada, ele jamais passa pelo lado direito dessa pessoa.

Cruzar uma pessoa pelo lado direito dela é vantajoso oferece vantagem para que ela efetue o saque sem obstrução e corte-o com apenas um movimento.

一むれ通り時に関るをと
よけく通るそ心ありける

武士の道行く時にまがりかど、よけて通るぞ心ありける

辻斬り其他待受ける者は角抔の物陰である。左廻りは小く曲れと規定されて居るが、餘り小く曲ら

ず危くない程度に通るやうに馴れて置かねばならぬ。

78

Um samurai, em sua viagem, deve estar em guarda ao se aproximar de uma esquina, dobrando-a com um ângulo amplo.

As pessoas que esperam para fazer *Tsujigiri* e outros tipos de emboscada muitas vezes aguardam atrás dos cantos e outros demais lugares escuros. As pessoas são previsíveis e muitas vezes tendem a fazer uma curva fechada pelos cantos do lado esquerdo. Você deve criar o hábito de não fazer a curva próximo à esquina, por ser perigoso.

* *Tsujigiri* pode ser escrito tanto como 辻斬り ou 辻斬 e significa, literalmente, "matar em um cruzamento". No Japão medieval, alguns Samurais testavam suas espadas novas ou uma nova técnica atacando transeuntes indiscriminadamente.

一 武士の道行連れのつけやうに付けていつて人といそ〜つくべけ

武士の道行連れのある時は、いつも人をば右に見て行け

普通は他人を右にして行き、左方が危い場所の時は左に人を行かせることもなくてはならぬ。

172

79

Ao viajar, se um samurai estiver acompanhando alguém, a pessoa deve estar à vista pela sua direita enquanto seguem viagem.

Normalmente, você mantém as pessoas junto ao seu lado direito à medida que avançam. No entanto, caso se aproximem de um com perigo aparente, a pessoa deverá ser posicionada no lado oposto.

一　心は常に兵法の道にはなれぬものと所存し

一　武士の書に溺るべからず

武士の夜の道には燈を、中に持たせてはしを行くべし
武士の常に踏足こゝろして、ことにのぞみてみだらぬぞよき
武士は平常から覺悟して用心もよくして、事が起つてもよく應じて心身共に亂れぬやうにせねばな
らぬ。

174

80/81

Ao caminhar por uma estrada à noite, o Samurai deve garantir que a lanterna seja carregada pelo centro da estrada enquanto caminham em um dos lados.

Como samurai, você deve sempre tomar cuidado com os seus passos e onde seus pés pisam. Você não quer ser desequilibrar caso ocorra algo inesperado.

Os samurais precisam manter-se preparados a todo instante para responder imediatamente a uma situação inesperada. Eles precisam ser capazes de reagir com calma em uma situação sem entrar em pânico.

武士の狩漁
かりすなどり
を好まずば、いかなる事に身をからせまし

武士たる者は山の狩りや海や川の漁をしなければ、何んな事をして身體を鍛鍊するであらうか、外にはあるまい。

176

82

Samurais que não pescam e nem caçam terão corpos que não poderão reagir em caso de emergência.

Aquele que pretende servir como verdadeiro Samurai deve caçar nas montanhas, pescar nos rios e no mar. Não há melhor maneira de fortalecer e preparar o seu corpo.

武士の雪にやけだる手足をば、酒あたゝめて洗てぞよき

武士の雪にやけたる手足は酒を温めて洗ふとよい。極微温でないと却つて害がある。而してゆるくと次第に温度をまして温めるが可い。

178

83

Os samurais que tiverem as mãos e os pés congelados pela neve devem lavar a área com saquê aquecido.

Os pés e as mãos com queimaduras causadas pela neve gelada devem ser lavados com saquê quente. Caso isso não seja feito de forma gradual, os danos permanecerão. A melhor maneira de executar esse tratamento é aquecendo a área gradualmente e de forma lenta.

一心

武士の夜（よる）の眠を覺しつゝ、四方のさわぎを聞ぞゆゝしき

武士が夜中に目を覺した時は、何事もないかと氣をつけることは大いに結構なことである。

84

Um samurai que desperta durante a noite deve ouvir imediatamente qualquer distúrbio em todas as direções da bússola.

Se os samurais acordarem no meio da noite, é imperativo que eles não se iludam de que está tudo normal.

一武士其嗜とそ〜ぬ〜て乱
友道そ〜ぬ涛とぬれ

武士のその嗜をしらぬこそ、鼠とる道しらぬねこなれ

武夫の嗜みとは忠君護國の爲めに身を捨て敵を討つを第一とする。この嗜みがないならば鼠を獲る
ことをしらぬ猫と同じである。

182

85

Samurais que não sabem dos seus deveres são como gatos que não sabem como caçar ratos.

Um militar deve de dedicar completamente ao domínio dos seus deveres e estar pronto para sacrificar sua vida enquanto oblitera a vida do inimigo. Um samurai que não tenha esse estado de espírito é como um gato que não sabe pegar ratos.

一、武士は軍れ事と書こと

武士は軍の事を常々に、思はざりせば不覺あるべし

武夫は平常から怠らずに戰爭の事を思はなくては失敗するであらう。

86

Os samurais devem estar sempre pensando em assuntos militares. Não faça isso por sua conta e risco.

Aqueles que servem nas forças armadas devem estar em um contínuo estado meditativo a respeito da guerra. Caso isso seja negligenciado, o resultado será o fracasso e a derrota.

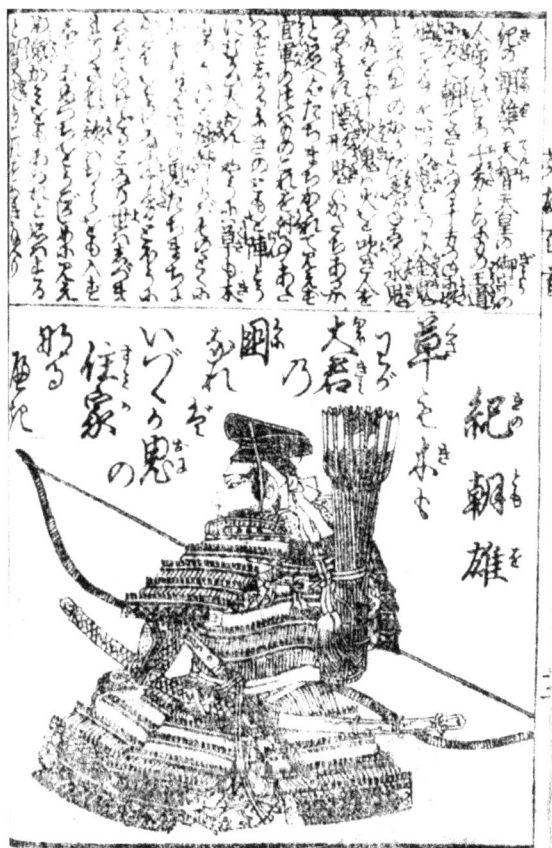

O lendário guerreiro *Ki no Tomo-o* de *"Os Cem Versos da Bravura"*, do Período Edo.

武士は鞠琴鼓琵琶笛に、こゝろつくすは愚なるべし

武夫は遊藝に熱中してはならぬ。

186

87

Qualquer samurai que gaste muito tempo jogando bola, tocando Koto, harpa de boca ou a flauta, está suscetível a se tornar covarde.

Os militares nunca devem se dedicar excessivamente a passatempos.

武士のしらで中々拙きは、弓馬鎗とかねてしるべし

武夫が知らなくてはならぬ大事なことは弓馬鎗である。當時は鐵砲が未だ傳來して居なかつた。傳來して居てもまだ一般的ではなかつた。

88

Um samurai pode ser desajeitado com relação a algumas coisas, a lança, o cavalo e o arco não estão, porém, entre elas.

As coisas mais importantes que um samurai deve saber são manejar o arco, a lança e montar a cavalo. No momento em que isso foi escrito, as armas de fogo não haviam sido introduzidas no Japão. Mesmo que houvesse armas de fogo no Japão à época, elas não eram de uso comum.

Ilustração de *Minamoto no Tamenori* do livro *"Os Cem Versos da Bravura"*, do Período Edo.

武士は古き軍の物がたり、常に聞くこそたより有べし

常時は武邊咄が流行した。これを聞いて置いて實戰に臨んだ時の便にした、これは有利である。

89

Os samurais devem ter o hábito de ouvir regularmente a histórias de combate militar e confiar no aprendizado encontrado nas mesmas.

Na época, o Buhensetsu [武辺咄聞書] era bastante popular. Ao ouvir essas histórias regularmente, eles as mantinham frescas em sua mente. Quando surgisse um combate real, eles se beneficiariam desses aprendizados.

Capa de uma edição do Buhensetsu do século XIX. *"Perguntas e Respostas sobre Espólios Militares"* [武辺咄聞書], originalmente publicado em 1680, por *Kunieda Seiken* 国枝清軒.

武士のいかに心はたけくとも、知らぬ事には不覺あるべし心が如何程勇猛であつても知らぬ事には失敗するのは勿論、不馴でも能く行かぬ。人生五十を過ぎてもさうである。見る物聞く物は皆修行の種である。

90

Não importa o quão corajoso seja um samurai, a falta de conhecimento sobre determinado assunto pode levá-lo a erro.

Desnecessário dizer que não importa quão bravo e corajoso possa ser o seu espírito de combate, se você não tiver informações a respeito de um assunto, isso poderá levá-lo à derrota. Não prossiga por um caminho que você não esteja familiarizado. Isso vale mesmo se você viver até depois dos cinquenta anos. Algo que você vê ou que ouve com frequência é o começo de um novo aprendizado.

* Este verso não está incluído na versão a pincel de *"As Cem Regras da Guerra"*.

ものゝふの心にかけてしるべきは、かつかたれぬの敵の色あひ

武士が平常から心懸けて知つて置くべき事は、敵の強弱を見分けて自分が勝てる勝てないと芸ふことである。　普通は勝ち負けが知れずに戦ふべきでない。

91

A mente de um samurai deve se dedicar a discernir a intenção e a força de seu inimigo. Distinga quem você poderá derrotar e quem o derrotará.

Os samurais devem dedicar seu pensamento apenas a compreender a força ou a fraqueza de um oponente, independentemente se você pode vencer ou não. No geral, você não entra em uma batalha sem saber se pode vencer ou perder.

武士の心のうちに死の一つ、忘れざりせば不覺あらじな

武士は死すべき時は何時でも死ぬといふ覺悟を忘れなかったなら失敗することはない。所謂身を捨て

でこそ浮ぶ瀬はあれだ。命を愛めば必ず失敗する。

196

92

Os samurais devem manter em seus corações o fato de que eles só morrem uma vez. Esqueça isso e o resultado será fatal.

Samurais que se esquecem que podem morrer a qualquer momento e em qualquer lugar podem morrer de forma humilhante. Em outras palavras, é como lançar o seu corpo ao rio e confiar que o destino o leve até águas rasas. Se você ama muito a sua vida, sempre terminará em fracasso.

* O trecho que trata de *"lançar o seu corpo ao rio e confiar que o destino o leve até águas rasas"* é muito famoso. Entre na batalha totalmente comprometido e talvez você saia vivo ao final.

一、武士れ筆お押並く

そく死刈は死の一川る利

武士のまなぶ教は押並て、その究には死の一つなり

武士の修行する事は多いが引くるめて結局は死ぬるといふ一つに帰するのである。

93

Os samurais estudam muitas coisas, porém o foco de seu aprendizado é a morte.

Enquanto os samurais fazem treinamento intensivo e estudam diversos tópicos, tudo se resume à busca da familiaridade com a ideia de morte.

武士のまよふ所は何ならん、いきぬく〳〵の一つなりけり

武士の迷ひとする處のものは何かといへば、生きたい命が惜しいといふ事に歸するのである。武人が命を惜しんでは三文の値うちもない。

94

Se você perguntasse: "Qual é a maior preocupação de um samurai?" A resposta seria "– O apego à própria vida."

A resposta à pergunta a respeito de "qual é a maior preocupação de um samurai ?" é "possuir o desejo de ter a vida prolongada, pois esse apego é algo a se lamentar". Samurais que valorizam as suas próprias vidas não valem nada.

武士の心の鏡曇らずば、立逢ふ敵をうつし知るべし

武士の心が動かなかつたなら則ち曇らぬのである、さうすれば立逢ふ敵の強弱は鏡で物を映すやうに少しも違はず映すであらう。

202

95

É importante compreender que a fraqueza de um inimigo se refletirá claramente diante de um coração (espírito ou mente) sem névoas.

Qualquer samurai cuja vontade seja firme é descrito como alguém que possui um coração (espírito ou mente) sem névoas. Nesse estado, a força ou fraqueza do oponente será perfeitamente refletida.

武士の生死二つを打捨て、進む心にしくことはなし

武士の身に於て生きるとか死ぬるとかいふことは少しも思はず、只一心に進むにこす事はない。只自己の本分を盡す爲めに進むべきである。又之が得でもある。

一武士生死つつ川を打捨
進むこ～～～そせしいけし

96

Samurais desprezam pensamentos a respeito da vida e da morte, sua mente é preparada para seguir em frente.

Os samurais não perdem tempo pensando a respeito da vida ou da morte, apenas avançam em direção ao objetivo de sua missão. Isso é o que eles fazem de melhor. Para isso foram feitos.

學びぬる心の態にまよひてや、態の心のまた迷ふらん

何も思はぬ時はよいが、學べば心に一つの形のやうなものが出來て、其の形にまた迷ふであらう。

歇に、心こそ心迷はす心なれ、心に心こゝろゆるすな。

206

97

Não se envolver em nenhuma forma de estudo fará a sua mente divagar. Isso deixará o seu espírito sem foco.

Não há nada de errado em sonhar acordado, mas se você estudar, seu espírito se concentrará e será moldado para tratar de um determinado assunto. Esse molde, contudo, se perderá. Há uma canção que diz: *"Vagar e perder-se é o que a mente busca, e assim será o seu espírito. Não permita que a sua mente faça isso."*

* Duas versões das "Cem Regras da Guerra" apresentavam apenas noventa e sete versos. Na versão a pincel, havia noventa e cinco e uma nota no final que diz: "Faltam três pontos, mas isso é tudo o que foi escrito no documento".

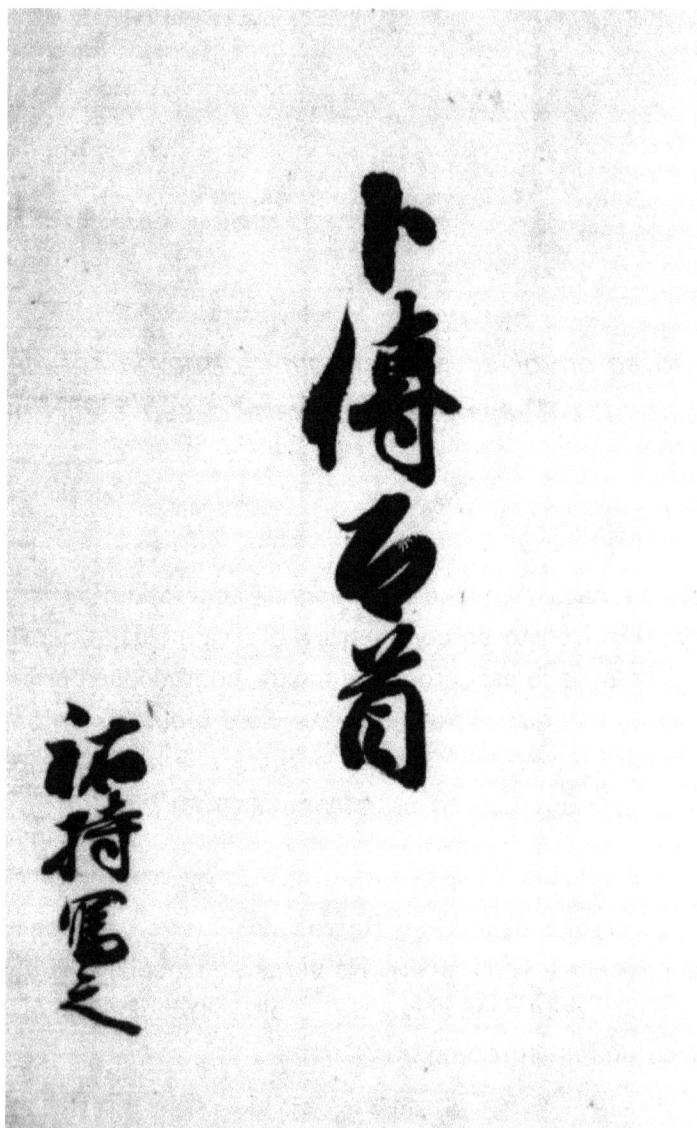

Página final de "As Cem Regras da Guerra".

此百首無功の武士の爲に恩師卜傳連ね置れしを飯篠何某深く是を祕書とし
ければ世に知る人なし本より唯一人と示を得た故といへりもし後世といふ
とも又妄にすべきにあらず謹て可仰之者也

于時元龜二年冬加藤相模守藤原信俊書之

この歌は未だ戰ひに經驗のない武士の爲めに卜傳先生が書いて置いたのを、飯篠長威齋の子孫が祕
藏して居たから誰も知らなかつた。尤も唯一人に示されたからと云ふ。後世でも妄りに人に見せて
はならぬ、大切にせねばならぬと加藤信後が書いて子孫に傳へた。それを伴信友が發表したもので
ある。

210

Posfácio I

Essas cem regras foram deixadas para nós pelo nosso grande mestre Bokuden, que as lia para Samurais que sem honras de batalhas. Os descendentes de Izasa Ienao as colocaram no papel e mantiveram esse documento protegido secretamente. Por isso eram desconhecidos. Diz-se que esse documento foi mostrado para apenas uma pessoa por cada geração. Essa pessoa, por sua vez, deveria transmiti-lo à próxima geração com elevado senso de compromisso. Isso deve ser honrado fielmente.

Escrito no inverno do ano segundo da Era Genki (1571)

Escrito pelo Guardião de Sagami Fujiwara, Kato Nobutoshi

Interpretação de Hori Shohei:

Essas linhas foram deixadas para nós por Bokuden Sensei, que as lia aos samurais que ainda não haviam provado o sabor da batalha. Os descendentes de Izasa Ienao (1387-1488), o fundador da Escola Katori Shinto de esgrima, escreveram e mantiveram este documento secreto bem trancado e, portanto, desconhecido. Dizem que o documento era mostrado apenas a uma pessoa por geração. Essa crença de que o documento não deve ser compartilhado de forma imprudente começou com Kato Nobutoshi, um discípulo de Tsukahara Bokuden, que transmitiu a sabedoria a seu herdeiro. Este é o resultado da pesquisa de Ban Nobutomo (1773-1846).

此一巻、祖父信俊より相伝、我家の重宝とする者也。然るに、智ありて徳ある人もがな、序を求めて、年来願望せ

しに、沢庵和尚不慮に下り来ましければ、幸にして序を頼み、是に書するものなり。此武道百首の読師卜伝は、生国、

四州讃岐の人と言へり。然れども、未だ詳ならず。室町家に候して、三好家に親しむ事深し。然るに、三好逆心を企

つる程の悪人たる事を、卜伝はやくしり、速かに三好と親しみをたち、室町の候を退き、諸国を巡行する儀あり。徳

深く、名は四隣に高かりしかば、余慶空しからず。東国に趣き、北国に被ゆれども、其道を労せず。百余人の属徒を

具し、鷹を居させ、馬を牽かせ、其富程盛んなり。十七歳にして洛陽清水寺に於て、真剣の仕合をして利を得しより、

五畿七道に遊ぶ。真剣の仕合十九ヶ度、軍の場を踏む軍三十七ヶ度、一度も不覚を取らず。木刀等の打合、惣じて数

百度に及ぶといへども、切疵、突疵を一ヶ所も被らず。矢疵を被る事六ヶ所の外、一度も敵の兵具に中る事なし。凡

そ仕合・軍場共に立会ふ所に敵を討つ事、一方の手に掛く弐百十二人と云(へ)り。五百年来無雙の英雄と云々。

天明六年丙午十一月廿九日

212

Posfácio II

Este pergaminho que você agora detém foi recebido de meu avô ancestral Nobutoshi e se mantém como um tesouro familiar desde então. Nós desejávamos profundamente que uma pessoa de virtude e de sabedoria escrevesse uma introdução. Depois de muitos anos de esperança, Takuan Soho chegou até nós de maneira inesperada. Nós tivemos muita sorte por ele nos conceder a honra de escrever uma introdução maravilhosa.

O autor das "Cem Regras de Guerra" que você está lendo foi o Mestre Tsukahara. Dizem que ele nasceu na região de Sanuki, em Shikoku. Muitas coisas sobre a sua vida são desconhecidas ou pouco claras. Ele serviu diligentemente à família Muromachi e à família Miyoshi. No entanto, devido ao envolvimento da família Miyoshi à insurreição conspiratória, ele acabou se desiludindo. Tão logo tenha se apercebido, Tsukahara tratou de anunciar sua aposentadoria enquanto ainda mantinha boas relações com o clã Miyoshi. Aposentado de suas obrigações junto a côrte Muromachi, ele passou a viajar pelo país aprimorando suas habilidades. Uma vez que era um homem de princípios, seu nome se tornou conhecido por toda parte. Apesar disso, ele nunca se vangloriou. Embora tenha atravessado todos os domínios, do leste do Japão a áreas do norte, ele nunca se cansou de buscar desafios. Bokuden gostava de levar um falcão sobre os braços enquanto montava a cavalo e aproximadamente cem discípulos se juntaram a ele. Sua reputação atingiu níveis elevados.

Aos dezessete anos, ele teve o seu primeiro duelo de espada, no templo Kiyomizu, em Quioto. Mais tarde, ele caminhou pelas "Cinco Províncias e Sete Circuitos" (*Nota da Edição Brasileira. *Gokishichido*, antiga denominação das unidades administrativas que dividiam o Japão, durante o Período Asuka (538–710 da era atual).

Sagrou-se vencedor em dezenove duelos individuais de espadas e pisou no campo de batalha trinta e sete vezes sem nunca baixar a guarda. Armado com uma espada de madeira, ele enfrentou adversários centenas de vezes. Apesar de tudo isso, ele não tinha cicatrizes de corte de espadas e nem de facas. A não ser por seis ferimentos de flechas, nenhum outro inimigo o atingiu com suas armas.

Levando em conta todos os seus desafios e sucessos individuais em várias batalhas, ele alcançou a vitória sobre nada menos que duzentas e doze pessoas. Se você aguardasse por quinhentos anos, não encontraria outro herói de sua envergadura.

29 de novembro do Sexto Ano da Era Tenmei – 1787.

* A despeito de o autor do Posfácio II se autodeclarar descendente de Kato Nobutoshi, nós não sabemos o seu nome.

Galeria de capas de algumas versões de "As Cem Regras da Guerra"

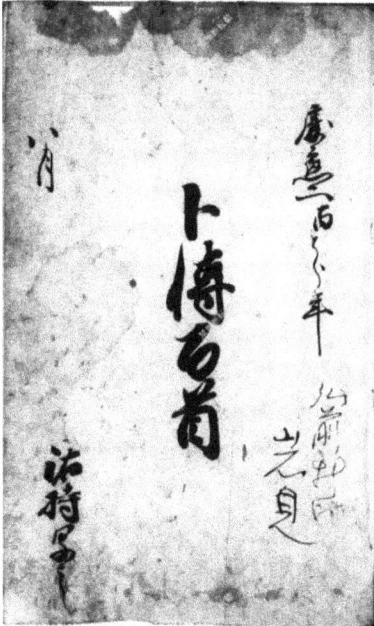

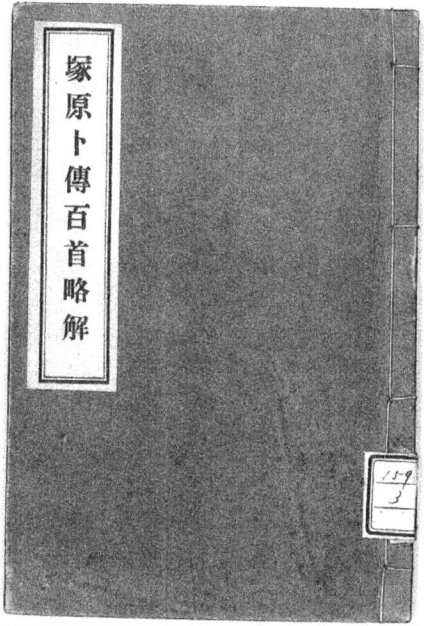

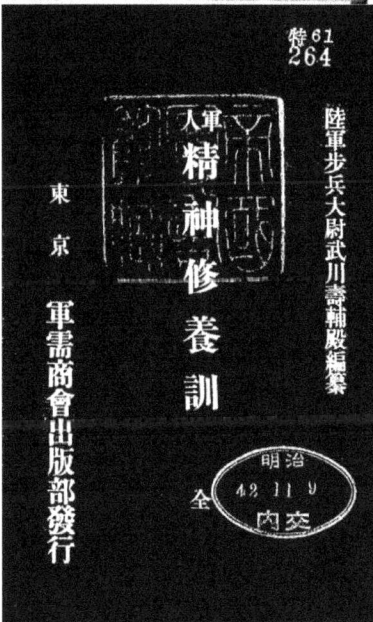

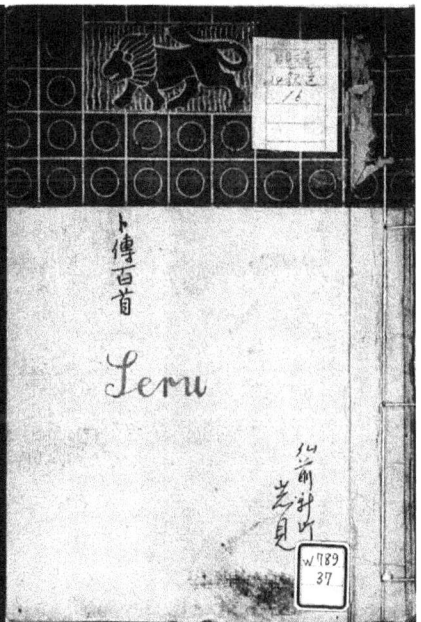

www.ingramcontent.com/pod-product-compliance
Lightning Source LLC
Chambersburg PA
CBHW060451280326
41933CB00014B/2725